文章や図で人にわかりやすく
説《せつ》明《めい》する力がつく！

お絵かき作文ドリル

チャレンジ編

［著］考学舎代表 **坂本聰**　［イラスト］**ナカタベンチ**

朝日新聞出版

はじめに

このドリルには、
①「『絵《え》→文《ぶん》』の問題《もんだい》」
②「『文《ぶん》→絵《え》』の問題《もんだい》」
の2種類《しゅるい》の問題《もんだい》があります。

絵《え》を見《み》て、それを見《み》たことがない人《ひと》にもわかるように、文《ぶん》で説明《せつめい》するのが、①「『絵《え》→文《ぶん》』の問題《もんだい》」です。

文《ぶん》を読《よ》んで、それを読《よ》んだことがない人《ひと》にもわかるように、絵《え》で説明《せつめい》するのが、②「『文《ぶん》→絵《え》』の問題《もんだい》」です。

①の問題《もんだい》、②の問題《もんだい》に、楽《たの》しみながら取《と》り組《く》むことで、すべての学習《がくしゅう》の基本《きほん》となる「国語《こくご》の力《ちから》」＝「ものごとをりかいする力《ちから》」がついていきます。

『お絵《え》かき作文《さくぶん》ドリル　チャレンジ編《へん》』は、必《かなら》ずおうちの人《ひと》といっしょに取《と》り組《く》みましょう。

①「『絵《え》→文《ぶん》』の問題《もんだい》」をやるときも、②「『文《ぶん》→絵《え》』の問題《もんだい》」をやるときも、「人《ひと》にわかりやすく説明《せつめい》すること」「人《ひと》にきちんと伝《つた》わったか、かくにんしながら進《すす》めること」を大切《たいせつ》にしてください。

自分《じぶん》がかいた文《ぶん》や絵《え》は、みなさんの身近《みぢか》にいる、おうちの人《ひと》に見《み》てもらって、どんなふうに伝《つた》わったか教《おし》えてもらうようにしましょう。そうすると、自分《じぶん》が「わかったこと」と、「わからなかったこと」がはっきりします。

「わからなかったこと」に気《き》づけたら、次《つぎ》の問題《もんだい》に取《と》り組《く》むとき、その気《き》づきを生《い》かすようにしましょう。そのくり返《かえ》しが、「国語《こくご》の力《ちから》」＝「ものごとをりかいする力《ちから》」につながります。

◇

『お絵《え》かき作文《さくぶん》ドリル　チャレンジ編《へん》』は、シリーズ本《ぼん》『お絵《え》かき作文《さくぶん》ドリル　基礎《きそ》編《へん》』より少《すこ》し内容《ないよう》が難《むずか》しくなります。できれば、『基礎編《きそへん》』から取《と》り組《く》むことをおすすめしますが、『チャレンジ編《へん》』からスタートするという人《ひと》は、少《すこ》しずつ、このドリルのやり方《かた》になれていってください。

また、『チャレンジ編《へん》』では、最後《さいご》の方《ほう》に表《ひょう》などをあつかった問題《もんだい》が出《で》てきます。基《き》本的《ほんてき》には、それらの問題《もんだい》の前《まえ》までに身《み》につけたことを生《い》かせばできます。ただ、少《すこ》し難《むずか》しいなと感《かん》じる場合《ばあい》には、おうちの人《ひと》の助《たす》けをかりながら取《と》り組《く》みましょう。

もくじ

◆別冊《べっさつ》に「保護者《ほごしゃ》の方《かた》へ　解答例《かいとうれい》とアドバイス」があります。
◆別冊《べっさつ》は、基本的《きほんてき》におうちの人《ひと》に持《も》っていてもらい、必要《ひつよう》におうじていっしょに見《み》るようにしましょう。

このドリルの進《すす》め方《かた》

対《たい》象《しょう》

- **4～5年生《ねんせい》**

進《すす》め方《かた》

- **1日《にち》1問《もん》**

  おうちの人《ひと》といっしょに取《と》り組《く》もう。

- **1問《もん》10～15分《ふん》がめやす**
- **答《こた》え合《あ》わせ&ふりかえり**

  1問《もん》につき、10～15分《ふん》くらい。

目《もく》標《ひょう》

自分以外《じぶんいがい》の人《ひと》にもしっかり伝《つた》わるように、絵《え》や文《ぶん》で説明《せつめい》することが目標《もくひょう》だよ。

別冊《べっさつ》に「解答例《かいとうれい》」があるけれど、それと全《まった》く同《おな》じでなくても、にたようにかいていればOK《オーケー》。おうちの人《ひと》に見《み》てもらって、「しっかり伝《つた》わったよ」と言《い》ってもらえたら、それが正解《せいかい》だ！

このドリルでは、おうちの人《ひと》とたくさん会話《かいわ》しながら進《すす》めることが、大切《たいせつ》な「学習《がくしゅう》」と考《かんが》えているんだ。

保護者の方へ

お子さんとドリルを始める前に、別冊の「**保護者の方へ**」をご一読ください。

絵《え》 → 文《ぶん》 の問題《もんだい》はこんなふうに取《と》り組《く》もう！

みんなにやってほしいところには、おうちの人《ひと》と取《と》り組《く》んでほしいところにはがついているよ。

かいとうらん
絵 → 文
もんだい
11
の絵を見ていない人にも伝わるように、文章で説明しましょう。
ポイント
説明するものとはいけいの位置関係をかくにんしよう。
の部分の説明をくわしくしていこう。
何を説明に入れて、何を入れないか？ 取捨選択しよう。
やった日
月 日
38

順《じゅん》番《ぱん》 1

まずは、問題文《もんだいぶん》と絵《え》を見《み》て、何《なに》をどんなふうに文《ぶん》で説明《せつめい》するか考《かんが》えよう。おうちの人《ひと》といっしょにね。

問題の絵を見て、「どんな絵かな？」などと声がけしながら、お子さんと会話してみてください。

例えば、この問題なら、「この男の子たちは何をしているのかな？」と話題をふることができます。

順《じゅん》番《ぱん》 2

何《なに》をどんなふうに文《ぶん》で説明《せつめい》するか考《かんが》えながら、ポイントをチェックしよう。ポイントをヒントに、考《かんが》えを広《ひろ》げつつ、まとめていこう。

ポイントに書いてあることは、必ずチェックしてください。ポイントに書いてあることについても、お子さんに話題をふって、会話をうながしてみてください。

絵《え》→文《ぶん》の問題《もんだい》に出《で》てくる ポイントについて

ポイントは、絵《え》→文《ぶん》の問題《もんだい》で、「人《ひと》にわかりやすく文《ぶん》で説明《せつめい》する」ためのコツをしめしているんだ。

『お絵《え》かき作文《さくぶん》ドリル　チャレンジ編《へん》』には、全部《ぜんぶ》で9のポイントが出《で》てくるよ。

それぞれの問題《もんだい》には、それぞれに必要《ひつよう》なものをいくつかピックアップして、のせているんだ。問題《もんだい》をまたいで、くり返《かえ》し出《で》てくるものもあるけれど、それはとても大事《だいじ》だからなんだよ。

『お絵《え》かき作文《さくぶん》ドリル　チャレンジ編《へん》』を終《お》えるころには、9のコツが身《み》についていることをめざして取《と》り組《く》んでもらえるといいな。

9のポイント

―人《ひと》にわかりやすく文《ぶん》で説明《せつめい》するコツ

1 一言《ひとこと》でいうと何《なん》の絵《え》か考《かんが》えてみよう。

2 全体《ぜんたい》のイメージを最初《さいしょ》に説明《せつめい》しよう。

3 順番《じゅんばん》を決《き》めて説明《せつめい》しよう。

4 絵《え》の中《なか》にあるものの位置《いち》をかくにんしよう。

5 説明《せつめい》するものとはいけいの、位置関係《いちかんけい》をかくにんしよう。

6 それぞれの部分《ぶぶん》の説明《せつめい》をくわしくしていこう。

7 何《なに》を説明《せつめい》に入《い》れて、何《なに》を入《い》れないか？　取捨選択《しゅしゃせんたく》しよう。

―上手《じょうず》に文《ぶん》を書《か》くコツ

8 1文《ぶん》は30字《じ》ていど、長《なが》くても40字《じ》におさめよう。

9 文《ぶん》の形《かたち》に気《き》をつけよう。文《ぶん》の中《なか》に必要《ひつよう》なものは？（※）

※文《ぶん》の中《なか》に必要《ひつよう》なのは、主語《しゅご》と述語《じゅつご》。文末《ぶんまつ》の表現《ひょうげん》は「です、ます」か、「だ、である」で合《あ》わせる。

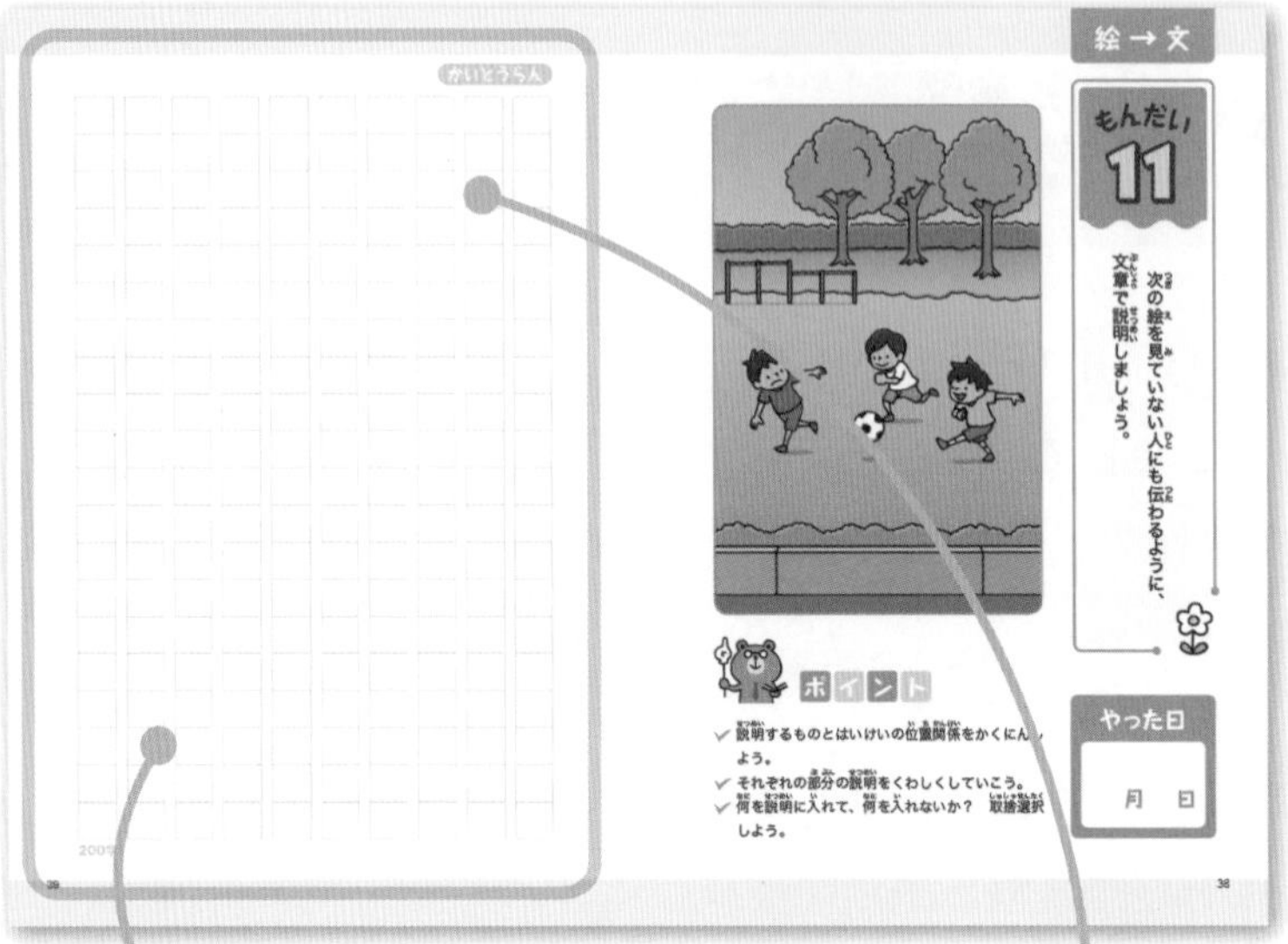

順《じゅん》番《ぱん》 3

順番《じゅんばん》1、2で、何《なに》をどんなふうに文《ぶん》で説明《せつめい》するか決《き》まったら、かいとうらんにひとりで説明《せつめい》を書《か》いてみよう！

順《じゅん》番《ぱん》 4

自《じ》分《ぶん》が書《か》いた説明文《せつめいぶん》を読《よ》み返《かえ》してみて、頭《あたま》の中《なか》に、問題《もんだい》にあるような絵《え》がうかぶかどうか考《かんが》えてみよう。気《き》になったところは直《なお》していいよ！

『お絵《え》かき作文《さくぶん》ドリル　チャレンジ編《へん》』のかいとうらんは、原稿用紙《げんこうようし》の形《かたち》になっているよ。小学校《しょうがっこう》で習《なら》う原稿用紙《げんこうようし》の使《つか》い方《かた》にならって、句読点《くとうてん》、カギカッコなどに気《き》をつけながら書《か》こう。

ただし、このドリルでは、段落分《だんらくわ》けはしなくていいよ。書《か》き出《だ》しは1字《じ》あけよう。

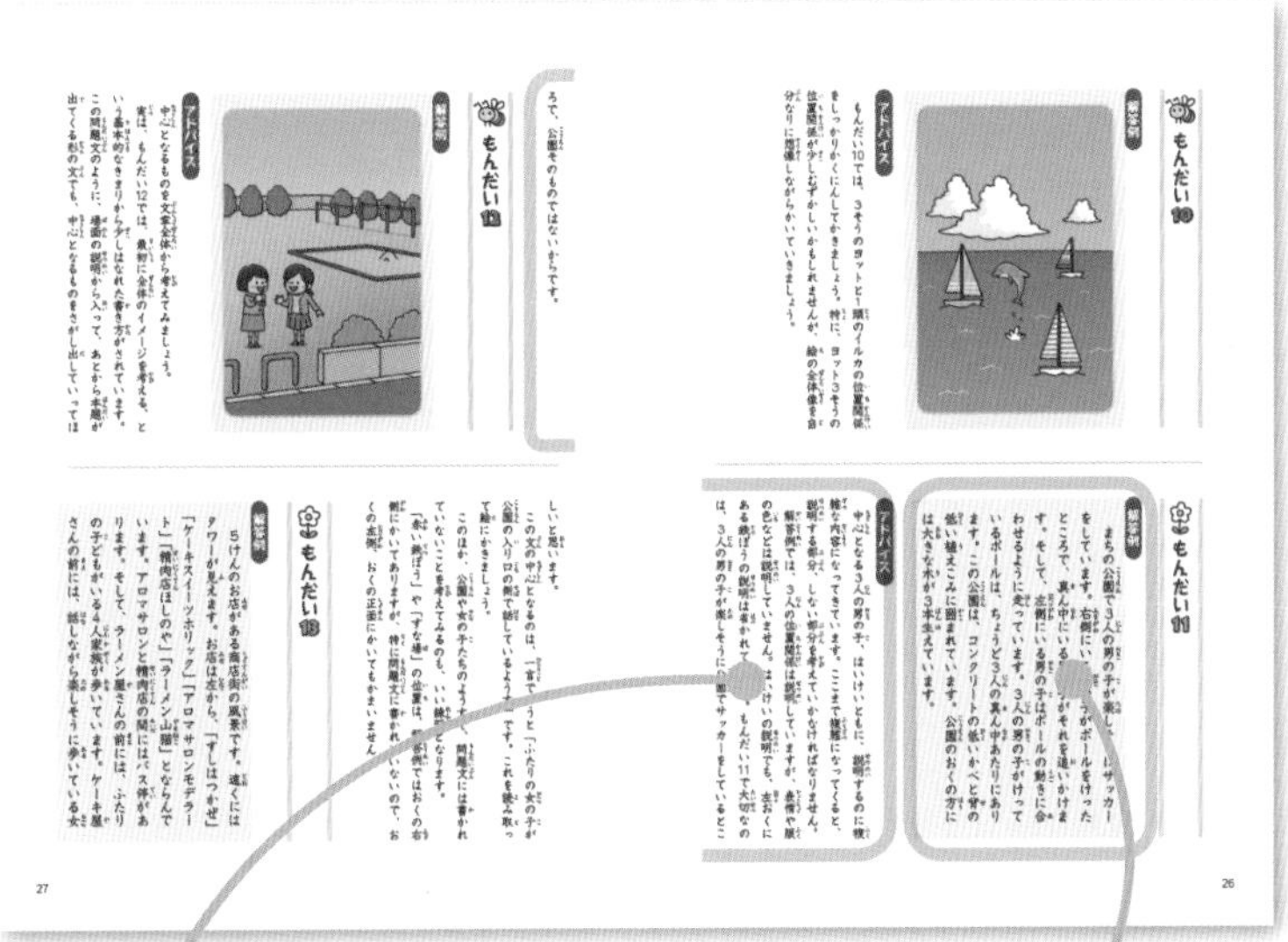

ここからは、別冊の「**解答例とアドバイス**」を開いてね！

順番《じゅんばん》 5

別冊《べっさつ》の「解答例《かいとうれい》とアドバイス」の 解答例《かいとうれい》 を見《み》ながら、自分《じぶん》が書《か》いた説明《せつめい》とくらべてみよう。

おうちの人《ひと》といっしょにね。

順番《じゅんばん》 6

おうちの人《ひと》といっしょに、しっかり書《か》けたところと、書《か》き足《た》りなかったところをかくにんして、できているところに丸《まる》をつけてもらおう。

①お子さんの書いた解答を読んで、問題でしめされているような絵が、頭の中にうかぶかどうか、確認してください。②日本語として正しいかチェックします。③問題の絵の中にあるのにお子さんの説明文にないもの、絵にはないのに説明にあるものを、確認してあげてください。問題の絵の中にないのに、プラスαの説明があったとしても、まちがいではありません。「ここは自分で書き足したんだね」などと声がけしながら、問題にあるものとないものを区別させつつ、お子さんのがんばりをみとめてあげましょう。

「解答例とアドバイス」の **アドバイス** に、お子さんの書いた説明文をチェックするときに注目していただきたい点をまとめています。こちらを参考にしていただきつつ、お子さんと会話しながら丸つけをしてみてください。

最後に、次の問題に取り組むときのために、今回の気づき、その気づきをどんなふうに生かすか、お子さんと話してみてください。

もんだい　　**やった日**　月　日

かいとうらん
200字

いちどやった問題にもういちどチャレンジするときは、このページをコピーして使ってね。

もんだい

やった日　　　月　　　日

かいとうらん
200字

いちどやった問題にもういちどチャレンジするときは、このページをコピーして使ってね。

文《ぶん》 → 絵《え》の問題《もんだい》はこんなふうに取《と》り組《く》もう！

みんなにやってほしいところには、おうちの人《ひと》と取《と》り組《く》んでほしいところにはがついているよ。

順《じゅん》番《ばん》 1

まずは、問題文《もんだいぶん》と、そのとなりにある文《ぶん》を読《よ》んで、何《なに》をどんなふうに絵《え》で説《せつ》明《めい》するか考《かんが》えよう。

おうちの人《ひと》といっしょにね。

問題の文を読んで、「一番中心にくるものは何かな？」「はいけいにはどんなものがあるかな？」「どこまでくわしくかこうか？」などと声がけしながら、お子さんと会話してみてください。

順《じゅん》番《ばん》 2

何《なに》をどんなふうに絵《え》で説明《せつめい》するか考《かんが》えながら、ポイントをチェックしよう。ポイントをヒントに、考《かんが》えを広《ひろ》げつつ、まとめていこう。

ポイントに書いてあることは、必ずチェックしてください。ポイントに書いてあることについても、お子さんに話題をふって、会話をうながしてみてください。

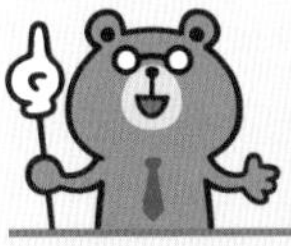

文《ぶん》→絵《え》の問題《もんだい》に出《で》てくる
ポイントについて

ポイントは、文《ぶん》→絵《え》の問題《もんだい》で、「人《ひと》にわかりやすく絵《え》で説明《せつめい》する」ためのコツをしめしているんだ。

『お絵《え》かき作文《さくぶん》ドリル　チャレンジ編《へん》』には、全部《ぜんぶ》で7のポイントが出《で》てくるよ。

それぞれの問題《もんだい》には、それぞれに必要《ひつよう》なものをいくつかピックアップして、のせているんだ。問題《もんだい》をまたいで、くり返《かえ》し出《で》てくるものもあるけれど、それはとても大事《だいじ》だからなんだよ。

『お絵《え》かき作文《さくぶん》ドリル　チャレンジ編《へん》』を終《お》えるころには、7のコツが身《み》についていることをめざして取《と》り組《く》んでもらえるといいな。

7のポイント

1 **頭《あたま》の中《なか》で何《なん》の絵《え》かイメージしてみよう。**

2 **読《よ》みながら絵《え》を少《すこ》しずつくわしくイメージしていこう。**

3 **イメージできない言葉《ことば》は何《なに》かかくにんしよう**
（わからないこと、絵《え》にかけそうにない言葉《ことば》があれば、おうちの人《ひと》に聞《き》いたり、調《しら》べたりしよう）。

4 **中心《ちゅうしん》となるものをまず、かこう。**

5 **まわりにあるものを位置《いち》に注意《ちゅうい》してかこう。**

6 **わからないものは、言葉《ことば》でかき足《た》しておこう。**

7 **問題文《もんだいぶん》に説明《せつめい》のない部分《ぶぶん》を想像《そうぞう》でかき足《た》してみよう。**

文→絵

もんだい 12

次《つぎ》の文章《ぶんしょう》を読《よ》んで、想像《そうぞう》したイメージを絵《え》にかきましょう。

やった日

月　日

ある日《ひ》の午後《ごご》、まちの公園《こうえん》でのようすです。この公園《こうえん》は、コンクリートの低《ひく》いへいに囲《かこ》まれ、へいの近《ちか》くには緑《みどり》の木《き》が植《う》えられています。おくの方《ほう》には赤《あか》い鉄《てつ》ぼうや、すな場《ば》もあります。公園《こうえん》の入《い》り口《ぐち》の側《そば》では、ふたりの女《おんな》の子《こ》がアイドルの話《はなし》に花《はな》をさかせています。右側《みぎがわ》の女《おんな》の子《こ》は、黄色いTシャツにピンクのカーディガンをはおり、ピンクのスカートをはいています。左側《ひだりがわ》の女《おんな》の子《こ》は、オレンジのブラウスを着《き》て、緑《みどり》のスカートをはいています。ふたりとも白いハイソックスに茶色《ちゃいろ》いくつをはいています。

ポイント

- 中心《ちゅうしん》となるものをまず、かこう。
- まわりにあるものを位置《いち》に注意《ちゅうい》してかこう。
- 問題文《もんだいぶん》に説明《せつめい》のない部分《ぶぶん》を想像《そうぞう》でかき足《た》してみよう。

40

かいとうらん

41

順《じゅん》番《ぱん》 3

順番《じゅんばん》1、2で、何《なに》をどんなふうに絵《え》で説明《せつめい》するか決《き》まったら、かいとうらんにひとりで説明《せつめい》の絵《え》をかいてみよう！

順《じゅん》番《ぱん》 4

自分《じぶん》がかいた説明《せつめい》の絵《え》を見返《みかえ》してみて、頭《あたま》の中《なか》に、問題《もんだい》にあるような文《ぶん》がうかぶかどうか考《かんが》えてみよう。気《き》になったところは直《なお》していいよ！

絵《え》のかき方《かた》

じっさいに『**お絵《え》かき作文《さくぶん》ドリル**』の問題《もんだい》に取《と》り組《く》んだ子《こ》どもたちの絵《え》をしょうかいするよ！ 説《せつ》明《めい》として人《ひと》に伝《つた》われば十分《じゅうぶん》。上手《じょうず》にかこうと思《おも》って時間《じかん》をかけすぎないようにしよう。1問《もん》10～15分《ふん》でかける絵《え》をしっかりかこう。

絵《え》の向《む》きは正面《しょうめん》からでなくてもいいよ

小《しょう》3男子《だんし》

この問題《もんだい》では、すいかの絵《え》を上《うえ》から見《み》てかいてくれた人《ひと》もいたよ。それでもＯＫ《オーケー》。まずは、絵《え》の向《む》きなど気《き》にしすぎずに、自分《じぶん》が思《おも》ったようにかいてみよう。

しっかりかけているよ

小《しょう》2男子《だんし》

問題文《もんだいぶん》には、男《おとこ》の子《こ》のくつの色《いろ》は「白《しろ》」と書《か》いてあったけれど、「黒《くろ》」でかいているから、最後《さいご》に、おうちの人《ひと》とかくにんしよう。それができたら、ＯＫ《オーケー》だよ。

かけない絵《え》があるときは文字《もじ》でおぎなってもいいよ

小《しょう》4男子《だんし》

もし、自分《じぶん》がかこうとしている絵《え》がうまくかけないときには、この絵《え》のように、絵《え》の中《なか》に文字《もじ》をおぎなって説明《せつめい》してもいいよ。

まわりのけしきなどをかき足《た》してもいいよ

小《しょう》3女子《じょし》

問題文《もんだいぶん》には、右《みぎ》がわにいる女《おんな》の子《こ》の説明《せつめい》しかなかったけれど、まわりの景色《けしき》を自《じ》分《ぶん》でかき足《た》してくれたんだね。最後《さいご》に、おうちの人《ひと》と、問題文《もんだいぶん》にあったことと、自分《じぶん》が想像《そうぞう》したことをかくにんしよう。

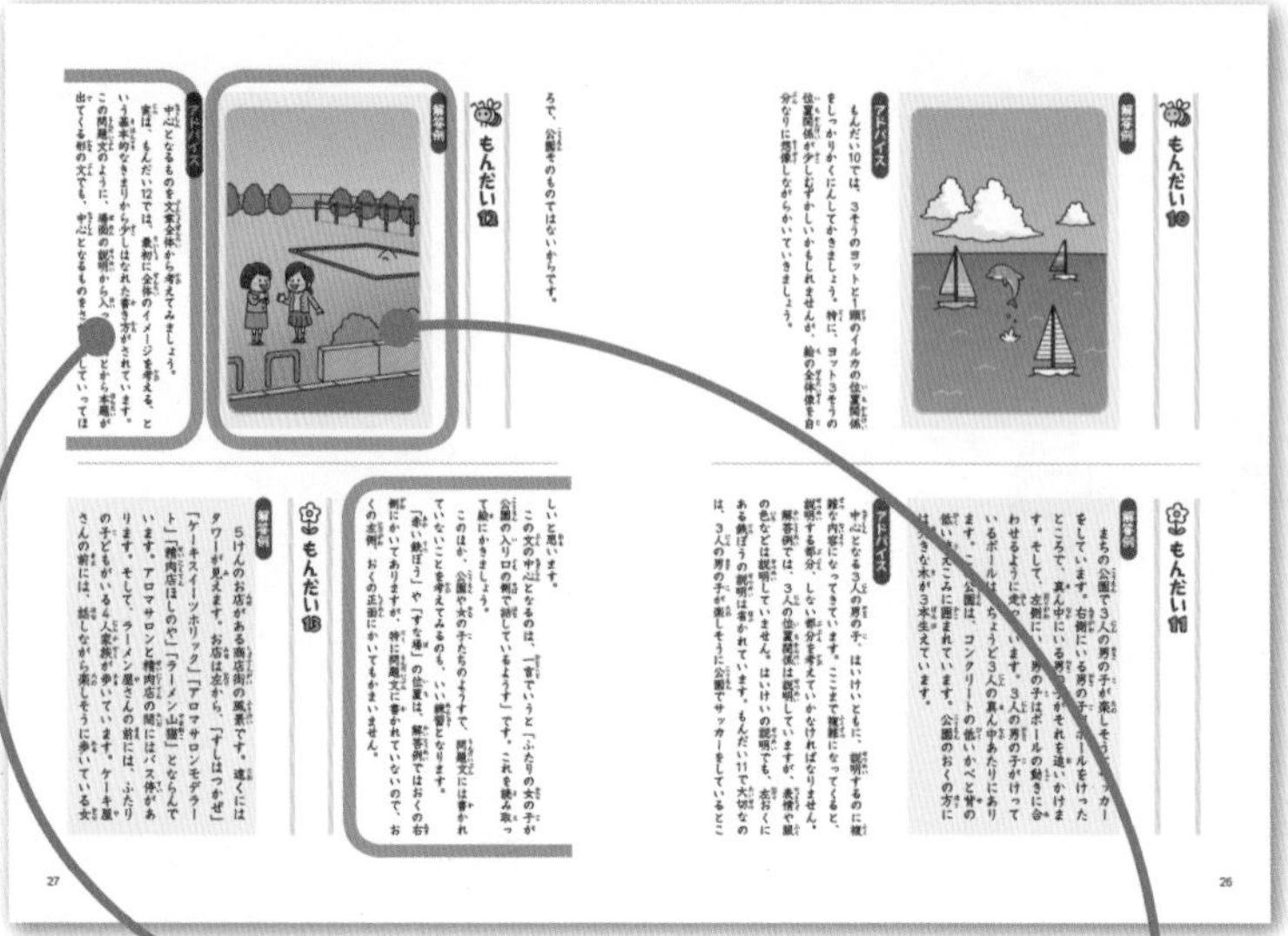

ここからは、別冊の「解答例とアドバイス」を開いてね！

順《じゅん》番《ぱん》 5

別冊《べっさつ》の「解答例《かいとうれい》とアドバイス」の**解答例《かいとうれい》**を見《み》ながら、自分《じぶん》がかいた説明《せつめい》の絵《え》とくらべてみよう。

おうちの人《ひと》といっしょにね。

順《じゅん》番《ぱん》 6

おうちの人《ひと》といっしょに、しっかりかけたところと、かき足《た》りなかったところをかくにんして、できているところに丸《まる》をつけてもらおう。

---

①お子さんのかいた解答を見て、問題でしめされているような文が、頭の中にうかぶかどうか、確認してください。②絵としてわかりやすいかチェックします。③問題文の中にあるのにお子さんの絵にないもの、問題文にはないのに絵にあるものを、確認してあげてください。問題の文の中にないのに、プラスαの絵があったとしても、まちがいではありません。「ここは自分でかき足したんだね」などと声がけしながら、問題にあるものとないものを区別させつつ、お子さんのがんばりをみとめてあげましょう。

「解答例とアドバイス」の**アドバイス**に、お子さんのかいた説明の絵をチェックするときに注目していただきたい点をまとめています。こちらを参考にしていただきつつ、お子さんと会話しながら丸つけをしてみてください。

最後に、次の問題に取り組むときのために、今回の気づき、その気づきをどんなふうに生かすか、お子さんと話してみてください。

ドリルにちょうせん！

もんだい 1

次《つぎ》の絵《え》を見《み》ていない人《ひと》にも伝《つた》わるように、文章《ぶんしょう》で説明《せつめい》しましょう。

ポイント

- ✔ 全体《ぜんたい》のイメージを最初《さいしょ》に説明《せつめい》しよう。
- ✔ 順番《じゅんばん》を決《き》めて説明《せつめい》しよう。
- ✔ １文《ぶん》は30字《じ》ていど、長《なが》くても40字《じ》におさめよう。
- ✔ 文《ぶん》の形《かたち》に気《き》をつけよう。文《ぶん》の中《なか》に必要《ひつよう》なものは？

やった日

月　日

かいとうらん

200字

文→絵

もんだい 2

次《つぎ》の文章《ぶんしょう》を読《よ》んで、想像《そうぞう》したイメージを絵《え》にかきましょう。

男《おとこ》の子《こ》がつくえで手紙《てがみ》を書《か》いています。その男《おとこ》の子《こ》は体《たい》そう着《ぎ》を着《き》ています。上《うえ》に着《き》ているのは、白《しろ》い地《じ》に首《くび》とそでまわりに青《あお》いふちどりのあるT《ティー》シャツです。下《した》に着《き》ているのは青《あお》いズボンで、上《うわ》ばきをはいています。つくえの上《うえ》にはふうとうとびんせんがあります。つくえといすは茶色《ちゃいろ》の木《き》でできています。

ポイント

- 頭《あたま》の中《なか》で何《なん》の絵《え》かイメージしてみよう。
- 読《よ》みながら絵《え》を少《すこ》しずつくわしくイメージしていこう。
- イメージできない言葉《ことば》は何《なに》かかくにんしよう。

やった日

月　日

もんだい 3

次《つぎ》の絵《え》を見《み》ていない人《ひと》にも伝《つた》わるように、文章《ぶんしょう》で説明《せつめい》しましょう。

ポイント

- 一言《ひとこと》でいうと何《なん》の絵《え》か考《かんが》えてみよう（少年《しょうねん》の動《うご》きをどう説明《せつめい》するか工夫《くふう》しよう）。
- 絵《え》の中《なか》にあるものの位置《いち》をかくにんしよう。
- それぞれの部分《ぶぶん》の説明《せつめい》をくわしくしていこう。

やった日

月　　日

200字

もんだい 4

次《つぎ》の文章《ぶんしょう》を読《よ》んで、想像《そうぞう》したイメージを絵《え》にかきましょう。

ぼくは、友《とも》だちとプールに来《き》ています。学校《がっこう》のプールのような四角《しかく》いプールですが、黄色《きいろ》いすべり台《だい》がついています。ぼくたちは最初《さいしょ》、ふたりで泳《およ》いでいました。今《いま》、友《とも》だちは、青《あお》い水《すい》泳《えい》ぼうしをかぶって、左《ひだり》おくの方《ほう》でクロールをしています。ぼくは、緑《みどり》の水泳《すいえい》ぼうしをかぶっています。そして、右《みぎ》の手前《てまえ》で、黄色《きいろ》と白《しろ》のしまもようのビーチボールを友《とも》だちに投《な》げようとしています。でも、友《とも》だちはまったくぼくを見《み》ずに泳《およ》いでいます。

プールには、ぼくたちふたりのほかにだれもいません。

ポイント

- ✓ 中心《ちゅうしん》となるものをまず、かこう。
- ✓ まわりにあるものを位置《いち》に注意《ちゅうい》してかこう。

やった日

月　日

もんだい 5

次《つぎ》の絵《え》を見《み》ていない人《ひと》にも伝《つた》わるように、文章《ぶんしょう》で説明《せつめい》しましょう。

ポイント

- (特《とく》にはいけいについて)絵《え》の中《なか》にあるものの位置《いち》をかくにんしよう。
- それぞれの部分《ぶぶん》の説明《せつめい》をくわしくしていこう。
- 何《なに》を説明《せつめい》に入《い》れて、何《なに》を入《い》れないか？　取捨選択《しゅしゃせんたく》しよう。

やった日

月　日

かいとうらん

200字

文→絵

もんだい 6

次《つぎ》の文章《ぶんしょう》を読《よ》んで、想像《そうぞう》したイメージを絵《え》にかきましょう。

よく晴《は》れた日《ひ》、雪山《ゆきやま》で女《おんな》の子《こ》がスノーボードをしています。その女《おんな》の子《こ》は、上下《じょうげ》ピンク色《いろ》のスキーウェアを着《き》ています。上《うわ》着《ぎ》の方《ほう》がこいピンク色《いろ》で、黄色《きいろ》のふちどりがあります。そして、ズボンと同《おな》じくらいのこさのピンク色《いろ》のニットぼうをかぶっています。ぼうしからは、茶色《ちゃいろ》くて長《なが》いかみの毛《け》が少《すこ》し出《で》ています。また、黒《くろ》い手《て》ぶくろをつけ、上着《うわぎ》と同《おな》じこさのピンク色《いろ》のスノーボードに乗《の》っています。雪山《ゆきやま》の左側《ひだりがわ》のおくには、大《おお》きな木《き》が３本《ぼん》見《み》えています。右側《みぎがわ》のしゃ面《めん》には、山《さん》ちょうに向《む》かってリフトがのびています。

ポイント

- ✔ 頭《あたま》の中《なか》で何《なん》の絵《え》かイメージしてみよう。
- ✔ まわりにあるものを位置《いち》に注意《ちゅうい》してかこう。
- ✔ わからないものは、言葉《ことば》でかき足《た》しておこう。
- ✔ 問題文《もんだいぶん》に説明《せつめい》のない部分《ぶぶん》を想像《そうぞう》でかき足《た》してみよう。

やった日

月　日

もんだい 7

次《つぎ》の絵《え》を見《み》ていない人《ひと》にも伝《つた》わるように、文章《ぶんしょう》で説明《せつめい》しましょう。

ポイント

- 全体《ぜんたい》のイメージを最初《さいしょ》に説明《せつめい》しよう。
- 順番《じゅんばん》を決《き》めて説明《せつめい》しよう。
- それぞれの部分《ぶぶん》の説明《せつめい》をくわしくしていこう。
- 何《なに》を説明《せつめい》に入《い》れて、何《なに》を入《い》れないか？　取捨選択《しゅしゃせんたく》しよう。

やった日

月　　日

200字

もんだい 8

次《つぎ》の文章《ぶんしょう》を読《よ》んで、想像《そうぞう》したイメージを絵《え》にかきましょう。

　お正月《しょうがつ》のある日《ひ》、河原《かわら》で男《おとこ》の子《こ》と女《おんな》の子《こ》がたこあげをしています。左側《ひだりがわ》にいる男《おとこ》の子《こ》は青《あお》い着物《きもの》を着《き》て、ひし形《がた》のまっ白《しろ》いたこをあげています。右側《みぎがわ》にいる女《おんな》の子《こ》はピンク色《いろ》の着物《きもの》を着《き》て、ひし形《がた》の黄色《きいろ》いたこをあげています。風《かぜ》が左《ひだり》から右《みぎ》にふいているようで、ふたりのたこは右《みぎ》なめ上《うえ》にあがっています。

　川《かわ》は絵《え》の右上《みぎうえ》から左下《ひだりした》に流《なが》れていて、ふたりは川《かわ》をはさんで向《む》こう側《がわ》の河原《かわら》にいます。河原《かわら》には、しばのような黄緑色《きみどりいろ》の短《みじか》い草《くさ》が一面《いちめん》に生《は》えています。

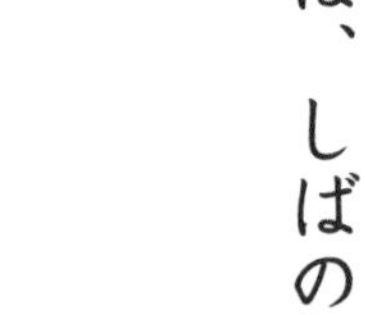

ポイント

- 中心《ちゅうしん》となるものをまず、かこう。
- まわりにあるものを位置《いち》に注意《ちゅうい》してかこう。
- わからないものは、言葉《ことば》でかき足《た》しておこう。

やった日

月　　日

もんだい 9

次《つぎ》の絵《え》を見《み》ていない人《ひと》にも伝《つた》わるように、文章《ぶんしょう》で説明《せつめい》しましょう。

やった日

月　日

ポイント

- 全体《ぜんたい》のイメージを最初《さいしょ》に説明《せつめい》しよう。
- 順番《じゅんばん》を決《き》めて説明《せつめい》しよう。
- 絵《え》の中《なか》にあるものの位置《いち》をかくにんしよう。

200字

もんだい 10

次《つぎ》の文章《ぶんしょう》を読《よ》んで、想像《そうぞう》したイメージを絵《え》にかきましょう。

青《あお》い海《うみ》にヨットが3そううかんでいます。手前右《てまえみぎ》のヨットの帆《ほ》は白《しろ》と青《あお》のしまもようです。左《ひだり》おくのヨットの帆《ほ》は黄色《きいろ》で白《しろ》いしまが入《はい》っています。さらに右《みぎ》おくにあるヨットは、船体《せんたい》が白《しろ》、帆《ほ》がにじ色《いろ》です。手前右《てまえみぎ》と左《ひだり》おくのヨットの間《あいだ》では、1頭《とう》の水色《みずいろ》のイルカがジャンプしています。青《あお》い空《そら》にはもくもくとした入道雲《にゅうどうぐも》が3つうかんでいます。左《ひだり》から中《ちゅう》くらいのもの、大《おお》きいもの、小《ちい》さいものがならんでいます。

ポイント

- 中心《ちゅうしん》となるものをまず、かこう。
- まわりにあるものを位置《いち》に注意《ちゅうい》してかこう。
- わからないものは、言葉《ことば》でかき足《た》しておこう。

やった日

月　日

もんだい 11

次《つぎ》の絵《え》を見《み》ていない人《ひと》にも伝《つた》わるように、文章《ぶんしょう》で説明《せつめい》しましょう。

ポイント

- ✓ 説明《せつめい》するものとはいけいの位置関係《いちかんけい》をかくにんしよう。
- ✓ それぞれの部分《ぶぶん》の説明《せつめい》をくわしくしていこう。
- ✓ 何《なに》を説明《せつめい》に入《い》れて、何《なに》を入《い》れないか？　取捨選択《しゅしゃせんたく》しよう。

やった日

月　日

かいとうらん

200字

もんだい 12

次《つぎ》の文章《ぶんしょう》を読《よ》んで、想像《そうぞう》したイメージを絵《え》にかきましょう。

ある日《ひ》の午後《ごご》、まちの公園《こうえん》でのようすです。この公園《こうえん》は、コンクリートの低《ひく》いへいに囲《かこ》まれ、へいの近《ちか》くには緑《みどり》の木《き》が植《う》えられています。おくの方《ほう》には赤《あか》い鉄《てつ》ぼうや、すな場《ば》もあります。公園《こうえん》の入《い》り口《ぐち》の側《そば》では、ふたりの女《おんな》の子《こ》がアイドルの話《はなし》に花《はな》をさかせています。右側《みぎがわ》の女《おんな》の子《こ》は、黄色《きいろ》いT《ティー》シャツにピンクのカーディガンをはおり、ピンクのスカートをはいています。左側《ひだりがわ》の女《おんな》の子《こ》は、オレンジのブラウスを着《き》て、緑《みどり》のスカートをはいています。ふたりとも白《しろ》いハイソックスに茶色《ちゃいろ》いくつをはいています。

ポイント

- 中心《ちゅうしん》となるものをまず、かこう。
- まわりにあるものを位置《いち》に注意《ちゅうい》してかこう。
- 問題文《もんだいぶん》に説明《せつめい》のない部分《ぶぶん》を想像《そうぞう》でかき足《た》してみよう。

やった日

月　日

もんだい 13

次《つぎ》の絵《え》を見《み》ていない人《ひと》にも伝《つた》わるように、文章《ぶんしょう》で説明《せつめい》しましょう。

ポイント

- 全体《ぜんたい》のイメージを最初《さいしょ》に説明《せつめい》しよう。
- 何《なに》を説明《せつめい》に入《い》れて、何《なに》を入《い》れないか？　取捨選択《しゅしゃせんたく》しよう。

やった日

月　　日

200字

もんだい 14

次《つぎ》の文章《ぶんしょう》を読《よ》んで、想像《そうぞう》したイメージを絵《え》にかきましょう。

女《おんな》の子《こ》が、森《もり》の中《なか》にある丸太《まるた》でできた赤《あか》い三角屋根《さんかくやね》の家《いえ》に住《す》んでいます。この家《いえ》に住《す》む女《おんな》の子《こ》は、かみをふたつ結《むす》びにしていて、真《ま》ん丸《まる》の目《め》をしています。女《おんな》の子《こ》は今《いま》、ひとりで留守番《るすばん》をしています。お母《かあ》さんが帰《かえ》ってくるのが待《ま》ち遠《どお》しくて、まどにほおづえをついて外《そと》を見《み》ています。この家《いえ》には、レンガでできたえんとつと、四角《しかく》いまどがあります。えんとつからはけむりが少《すこ》し出《で》ています。

ポイント

- 中心《ちゅうしん》となるものをまず、かこう。
- まわりにあるものを位置《いち》に注意《ちゅうい》してかこう。
- 問題文《もんだいぶん》に説明《せつめい》のない部分《ぶぶん》を想像《そうぞう》でかき足《た》してみよう。

やった日

月　　日

もんだい 15

次《つぎ》の絵《え》を見《み》ていない人《ひと》にも伝《つた》わるように、文章《ぶんしょう》で説明《せつめい》しましょう。

ポイント

- 説明《せつめい》するものとはいけいの位置関係《いちかんけい》をかくにんしよう。
- それぞれの部分《ぶぶん》の説明《せつめい》をくわしくしていこう。
- 何《なに》を説明《せつめい》に入《い》れて、何《なに》を入《い》れないか？　取捨選択《しゅしゃせんたく》しよう。

やった日

月　　日

200字

もんだい 16

次《つぎ》の文章《ぶんしょう》を読《よ》んで、想像《そうぞう》したイメージを絵《え》にかきましょう。

まちの公園《こうえん》の入口《いりぐち》近《ちか》くで4人《にん》の女《おんな》の子《こ》が楽《たの》しそうにおしゃべりをしています。今《いま》、右《みぎ》から3番目《ばんめ》にいる子《こ》が、両手《りょうて》でジェスチャーをしながら何《なに》か説明《せつめい》しています。あとの3人《にん》は笑顔《えがお》で聞《き》いています。

一番右《いちばんみぎ》にいる女《おんな》の子《こ》は、黄色《きいろ》い半《はん》そでのワンピースを着《き》ています。右《みぎ》から2番目《ばんめ》の女《おんな》の子《こ》は、オレンジのT《ティー》シャツを着《き》て、茶色《ちゃいろ》いスカートをはいています。右《みぎ》から3番目《ばんめ》の女《おんな》の子《こ》は、ピンクのカーディガンにこい色《いろ》のピンクのスカートをはいています。右《みぎ》から4番目《ばんめ》の女《おんな》の子《こ》は、オレンジの半《はん》そでのシャツに緑《みどり》のスカートをはいています。

公園《こうえん》はコンクリートの低《ひく》いかべで囲《かこ》まれていて、右《みぎ》のおくにすな場《ば》と鉄《てつ》ぼうが見《み》えます。すな場《ば》とかべとの間《あいだ》には、背《せ》の低《ひく》い木《き》が少《すこ》し生《は》えています。そして、赤《あか》むらさき色《いろ》の自転車《じてんしゃ》に乗《の》っている女《おんな》の人《ひと》が、公園《こうえん》の前《まえ》を通《とお》っています。その女《おんな》の人《ひと》は、緑色《みどりいろ》の長《なが》そでの上着《うわぎ》を着《き》て、青《あお》いズボンをはいています。

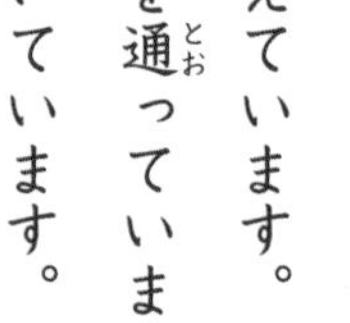

ポイント

- 中心《ちゅうしん》となるものをまず、かこう。
- まわりにあるものを位置《いち》に注意《ちゅうい》してかこう。
- 問題文《もんだいぶん》に説明《せつめい》のない部分《ぶぶん》を想像《そうぞう》でかき足《た》してみよう。

やった日

月　日

もんだい 17

次《つぎ》の絵《え》を見《み》ていない人《ひと》にも伝《つた》わるように、文章《ぶんしょう》で説明《せつめい》しましょう。

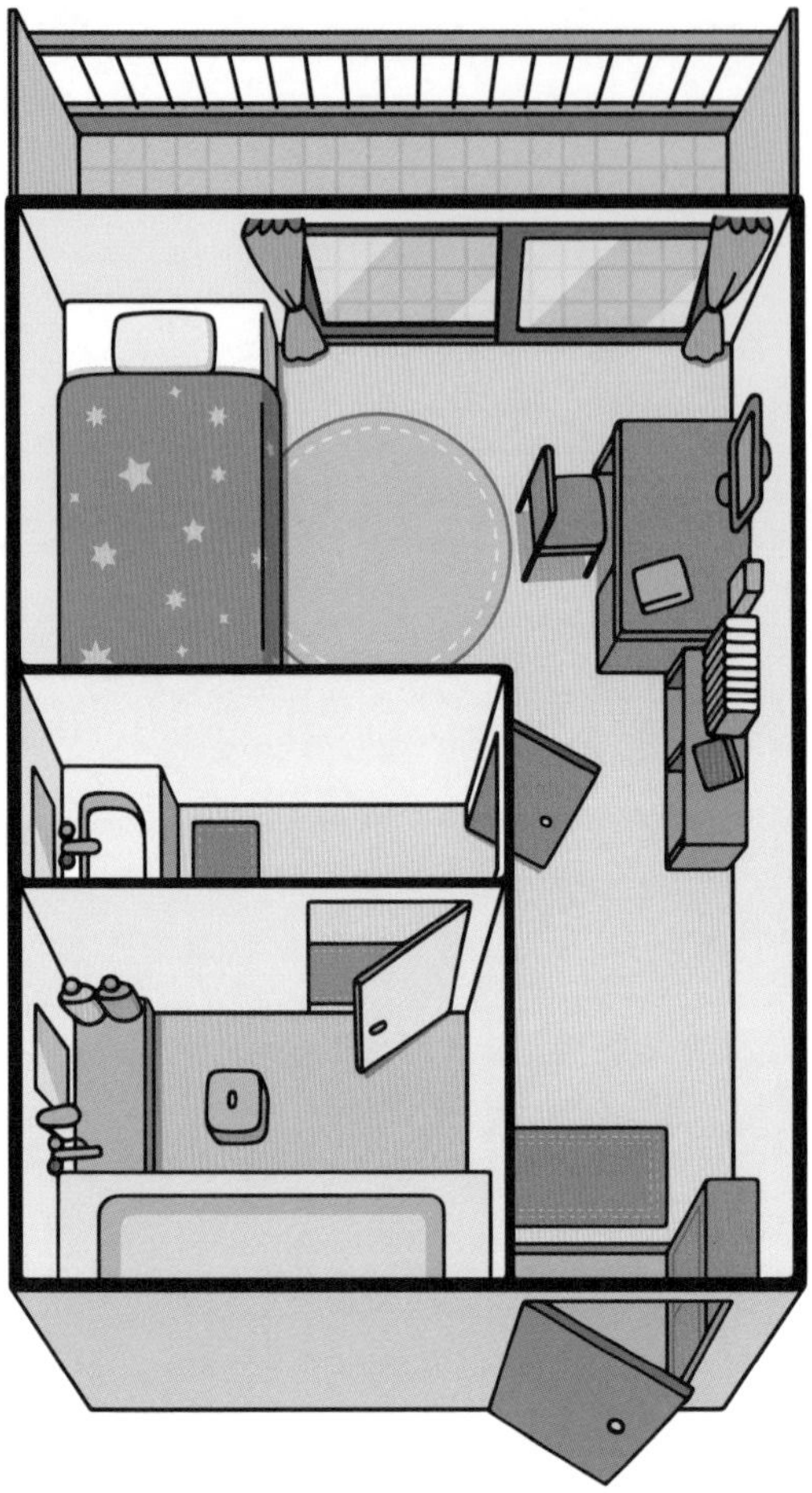

ポイント

- 全体《ぜんたい》のイメージを最初《さいしょ》に説明《せつめい》しよう。
- 順番《じゅんばん》を決《き》めて説明《せつめい》しよう。
- それぞれの部分《ぶぶん》の説明《せつめい》をくわしくしていこう。
- 何《なに》を説明《せつめい》に入《い》れて、何《なに》を入《い》れないか？　取捨選択《しゅしゃせんたく》しよう。

やった日

月　日

200字

もんだい 18

次《つぎ》の文章《ぶんしょう》を読《よ》んで、想像《そうぞう》したイメージを絵《え》にかきましょう。

わたしの家《いえ》の間取《まど》りを説明《せつめい》します。私《わたし》の家《いえ》はマンションの1室《しつ》で、たて長《なが》の長方形《ちょうほうけい》をしています。げんかんは手前側《てまえがわ》の真《ま》ん中《なか》にあり、げんかんを入《はい》ると真《ま》っすぐろうかが続《つづ》いています。ろうかの右側《みぎがわ》の戸《と》を入《はい》ると、両親《りょうしん》の部屋《へや》です。ろうかの左側《ひだりがわ》にはせんめん所《じょ》に続《つづ》くとびらがあります。せんめん所《じょ》のとびらをあけると、すぐ左側《ひだりがわ》におふろ場《ば》に続《つづ》く戸《と》があります。ろうかにもどって、せんめん所《じょ》のとびらの先《さき》どなりには、トイレの戸《と》があります。ろうかをつきあたって正面《しょうめん》の戸《と》をあけると、左側《ひだりがわ》が台所《だいどころ》、右側《みぎがわ》が食堂《しょくどう》です。食堂《しょくどう》のおくはそのままつながっていて居間《いま》になっています。台所《だいどころ》のおくのかべと、居間《いま》のかべに囲《かこ》まれているところが私《わたし》の部屋《へや》です。

ポイント

- まわりにあるものを位置《いち》に注意《ちゅうい》してかこう。
- わからないものは、言葉《ことば》でかき足《た》しておこう。
- 問題文《もんだいぶん》に説明《せつめい》のない部分《ぶぶん》を想像《そうぞう》でかき足《た》してみよう。

やった日

月　日

もんだい 19

地図《ちず》の左下《ひだりした》にある学校《がっこう》から、右上《みぎうえ》にある田中《たなか》くんの家《いえ》まで、道順《みちじゅん》を説《せつ》明《めい》しましょう。

※方角《ほうがく》については上下左右《じょうげさゆう》で示《しめ》して説明《せつめい》しましょう。

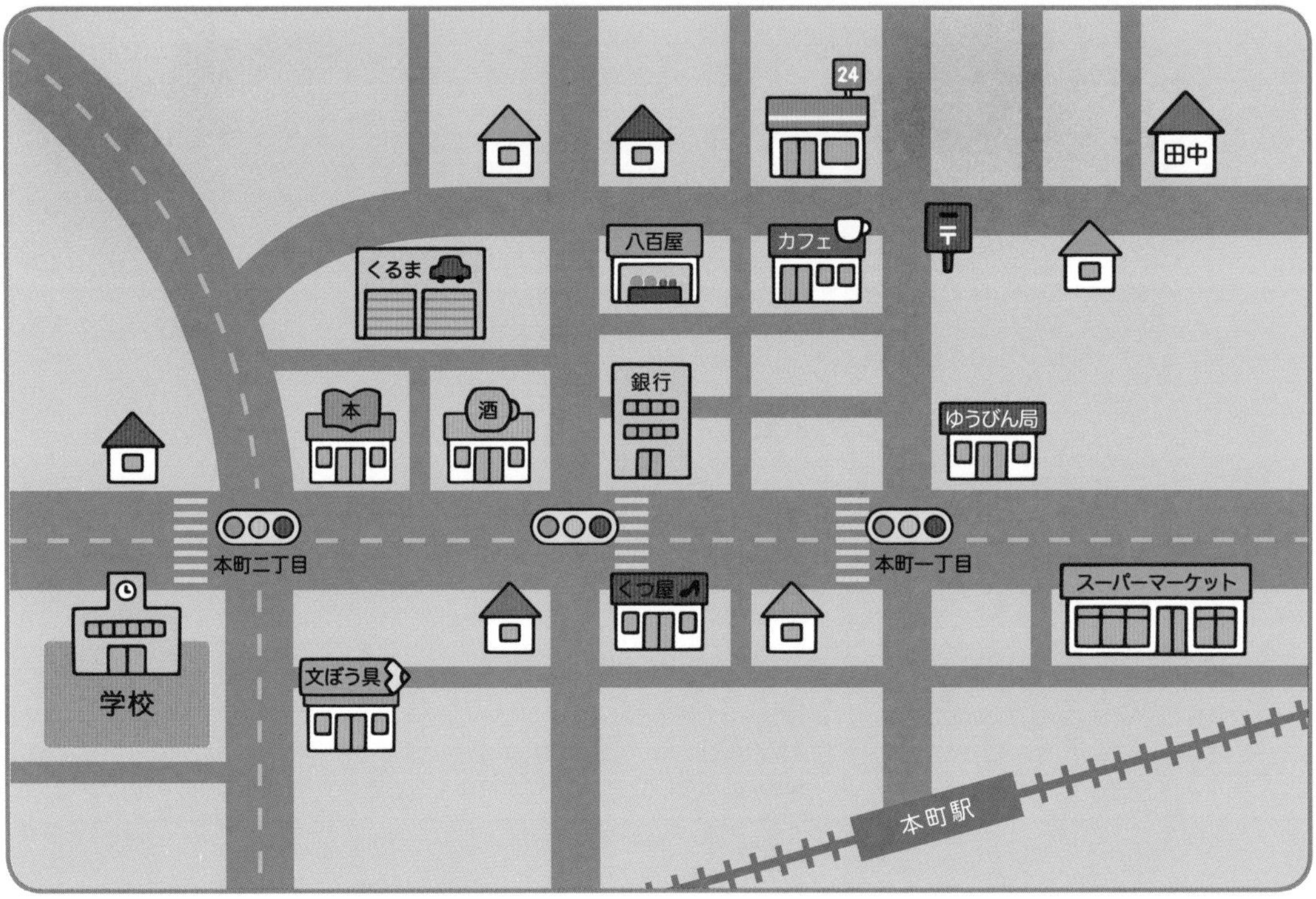

ポイント

- 全体《ぜんたい》のイメージを最初《さいしょ》に説明《せつめい》しよう。
- 順番《じゅんばん》を決《き》めて説明《せつめい》しよう。
- 説明《せつめい》するものとはいけいの位置《いち》関係《かんけい》をかくにんしよう。

やった日

月　　日

200字

文 → 絵

もんだい 20

次《つぎ》の文章《ぶんしょう》を読《よ》んで、想像《そうぞう》したイメージを地図《ちず》にしましょう。

これから、わたしの家《いえ》から本屋《ほんや》さんまでの道《みち》のりを説明《せつめい》します。わたしの家《いえ》は、地図《ちず》の赤《あか》い屋根《やね》の家《いえ》です。家《いえ》の西側《にしがわ》の道《みち》に出《で》て、南方向《みなみほうこう》に進《すす》んだ最初《さいしょ》の角《かど》、鈴木《すずき》さんの家《いえ》の前《まえ》を西方向《にしほうこう》に曲《ま》がります。ふたつ目《め》の道《みち》の左手《ひだりて》の角《かど》にゆうびんポストがあるので、そこを南方向《みなみほうこう》に曲《ま》がります。そして、直進《ちょくしん》して、大通《おおどお》りにぶつかるひとつ目《め》の信号《しんごう》「本町《ほんまち》一丁目《ちょうめ》」で西方向《にしほうこう》に曲《ま》がります。さらに、大通《おおどお》りを歩《ある》いてひとつ目《め》の道《みち》の右手《みぎて》の角《かど》にある銀《ぎん》行《こう》の前《まえ》を通《とお》りすぎ、信号《しんごう》をわたってふたつ目《め》のお店《みせ》が本屋《ほんや》さんです。

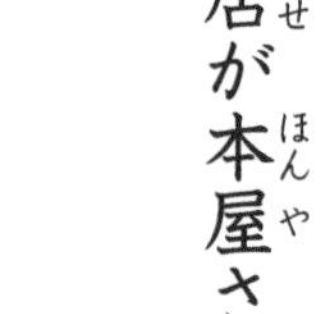

ポイント

- 頭《あたま》の中《なか》で何《なん》の絵《え》かイメージしてみよう
- まわりにあるものを位置《いち》に注意《ちゅうい》してかこう。

やった日

月　日

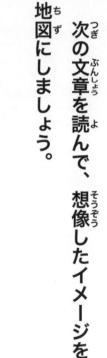

北
西
東
南

もんだい 21

絵《え》を見《み》て、キャベツがミカン何個《なんこ》ぶんになるか、すじ道《みち》をたてて説明《せつめい》してみましょう。

ポイント

- ✔ りんご１個《こ》がミカン何個《なんこ》ぶんかな？
- ✔ キャベツ１個《こ》はりんご何個《なんこ》ぶんかな？
- ✔ キャベツ１個《こ》がミカン何個《なんこ》ぶんか考《かんが》えよう。
- ✔ それが、どうしてわかったのか順番《じゅんばん》に説明《せつめい》しよう。

やった日

月　　日

かいとうらん

200字

もんだい 22

問題文《もんだいぶん》を読《よ》んで、わたしの家《いえ》から本屋《ほんや》さんまでの一番近《いちばんちか》い道《みち》のりを、絵《え》をかいて考《かんが》えましょう。

やった日

月　日

家《いえ》から本屋《ほんや》さんまでの道《みち》のりは３通《とお》り考《かんが》えられます。

①家《いえ》からゆうびん局《きょく》の前《まえ》を通《とお》り、学校《がっこう》の前《まえ》を通《とお》って本屋《ほんや》さんに行《い》く

②家《いえ》からゆうびん局《きょく》の前《まえ》を通《とお》り、コンビニの前《まえ》を通《とお》って本屋《ほんや》さんに行《い》く

③家《いえ》から八百屋《やおや》さんの前《まえ》を通《とお》って本屋《ほんや》さんに行《い》く

なお、家《いえ》からゆうびん局《きょく》までは６００メートル、家《いえ》から八百屋《やおや》さんまでは１０００メートル、ゆうびん局《きょく》から学校《がっこう》までは４００メートル、ゆうびん局《きょく》からコンビニまでは１５０メートル、学校《がっこう》から本屋《ほんや》さんまでは２００メートル、コンビニから本屋《ほんや》さんまでは３００メートル、八百屋《やおや》さんから本屋《ほんや》さんまでは４００メートルです。

ポイント

- ✔ まず、問題文《もんだいぶん》に出《で》てくる場所《ばしょ》をかき出《だ》そう。
- ✔ 地点《ちてん》の間《あいだ》のきょりを１つずつ書《か》きこんでいこう。

もんだい 23

次《つぎ》の表《ひょう》を見《み》ていない人《ひと》にも伝《つた》わるように、表《ひょう》について文章《ぶんしょう》で説明《せつめい》しましょう。

みどり小学校3年生の児童数

	男子	女子	合計
1組	15	18	33
2組	16	17	33
3組	18	15	33

単位：人

ポイント

- ✔ タイトルを読《よ》んで何《なん》の表《ひょう》か考《かんが》えよう。
- ✔（横《よこ》の）行《ぎょう》でとられている分類《ぶんるい》、（縦《たて》の）列《れつ》でとられている分類《ぶんるい》に注《ちゅう》意《い》しながら説明《せつめい》しよう。

やった日

月　日

200字

もんだい 24

次《つぎ》の文章《ぶんしょう》を読《よ》んで、表《ひょう》にまとめましょう。

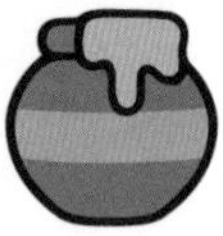

さくら小学校《しょうがっこう》の3年生《ねんせい》に、ペットを飼《か》っているかどうかのアンケートをおこないました。1組《くみ》から3組《くみ》まで、それぞれ犬《いぬ》とねこを飼《か》っている人《ひと》が多《おお》いので、「犬《いぬ》」「ねこ」「ほか」の3つから選《えら》んでもらいました。

1組《くみ》は犬《いぬ》を飼《か》っている人《ひと》が8人《にん》、ねこは6人《にん》、ほかは2人でした。2組《くみ》では、犬《いぬ》は5人《にん》、ねこは7人《にん》、ほかは1人でした。3組《くみ》では、犬《いぬ》は10人《にん》、ねこは12人《にん》、ほかは3人《にん》でした。

一番左《いちばんひだり》の列《れつ》に1組《くみ》から3組《くみ》までのクラスをとります。一番上《いちばんうえ》の行《ぎょう》には、左《ひだり》から犬《いぬ》、ねこ、ほか、合計《ごうけい》をとって表《ひょう》にまとめましょう。

ポイント

✓ 表《ひょう》で大切《たいせつ》な行《ぎょう》でとる分類《ぶんるい》と列《れつ》でとる分類《ぶんるい》、単位《たんい》を、しっかり書《か》きこみましょう。

やった日

月　日

もんだい 25

次《つぎ》の表《ひょう》を見《み》て、問１、問２に答《こた》えましょう。

平日の学校外の学習時間量（単位　時間：分）

	1995年	2000年	2005年	2010年	2015年
小学生	1:09	1:01	1:05	1:17	1:15
中学生	2:08	2:00	1:36	1:59	1:47
高校生	2:32	2:20	1:48	2:02	2:00

「2015年国民生活時間調査報告書」（NHK放送文化研究所）のデータをもとに作成。
数値は平均。

ポイント

- ✔ この表《ひょう》は何《なに》を表《あらわ》しているか考《かんが》えよう（一言《ひとこと》でいうと何《なん》の表《ひょう》かな？）。
- ✔ 問１では表《ひょう》の列《れつ》を（縦《たて》に）、問２では行《ぎょう》を（横《よこ》に）見比《みくら》べよう。

やった日

月　日

かいとうらん

問1 小学生《しょうがくせい》、中学生《ちゅうがくせい》、高校生《こうこうせい》で、たくさん学習《がくしゅう》しているのはどのグループでしょう。2015年《ねん》の調査《ちょうさ》をもとに、それぞれのグループのちがいを示《しめ》しながら説明《せつめい》しましょう。

問2 2015年《ねん》と1995年《ねん》の調査《ちょうさ》を比《くら》べ、学習《がくしゅう》時間《じかん》がふえているグループと、減《へ》っているグループに分類《ぶんるい》しよう。

もんだい 26

次《つぎ》の文章《ぶんしょう》を読《よ》んで表《ひょう》にまとめ、あとの問《と》いに答《こた》えましょう。

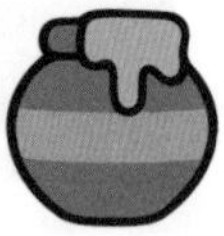

やった日

月　日

この表《ひょう》は、10代男子《だいだんし》と40代男性《だいだんせい》が平日《へいじつ》にどのくらいスポーツに時間《じかん》を使《つか》ったか、１９９５年《ねん》から２０１５年《ねん》まで５年《ねん》おきに調査《ちょうさ》した結果《けっか》をまとめたものです。

95年《ねん》は10代《だい》で14分《ぷん》、40代《だい》で５分《ふん》でしたが、２０００年《ねん》には10代《だい》で13分《ぷん》、40代《だい》で４分《ぷん》になりました。05年《ねん》には10代《だい》で16分《ぷん》と少《すこ》しふえましたが、40代《だい》は４分《ぷん》のままでした。10年《ねん》では10代《だい》は10分《ぷん》に減《へ》り、40代《だい》では９分《ふん》にふえました。そして、15年調査《ねんちょうさ》では10代《だい》で14分《ぷん》、40代《だい》で３分《ぷん》でした。

※問題文は「２０１５年国民生活時間調査報告書」（ＮＨＫ放送文化研究所）のデータをもとに作成。数値は平均。

ポイント

- 一言《ひとこと》でいうと何《なん》の表《ひょう》かな？
- 表《ひょう》の列《れつ》と行《ぎょう》でとる分類《ぶんるい》をよく考《かんが》えよう。

問1

問題文《もんだいぶん》の内容《ないよう》を表《ひょう》にまとめ、表《ひょう》のタイトルをつけましょう。

問2

10代《だい》男子《だんし》と40代《だい》男性《だんせい》では、平日《へいじつ》スポーツをする時《じ》間《かん》にどんなちがいがあるでしょうか。また、そのちがいの原因《げんいん》となることを、おうちの人《ひと》と会話《かいわ》しながら考《かんが》え、説明《せつめい》しましょう。

メモ

メモ

著 考学舎代表・坂本聰

1972年、東京都生まれ。一橋大学商学部卒業。大学やサラリーマン時代に、「思考力」「コミュニケーション力」の重要性を痛感する。99年、国語指導をベースにした現代の寺子屋、考学舎を設立。高校在学中にベルギーに留学した経験などをふまえ、独自のカリキュラムを提供している。昭和医療技術専門学校特任教授（日本語表現法、思考法）。主な著書に、『国語が得意科目になる「お絵かき」トレーニング』（ディスカヴァー・トゥエンティワン）がある。

考学舎ウェブサイト edu.kogakusha.co.jp

文章や図で人にわかりやすく説明《せつめい》する力がつく！

お絵かき作文ドリル―チャレンジ編

2020年8月30日　第1刷発行

著者　坂本聰
イラスト　ナカタベンチ

発行元　朝日学生新聞社
発売元　朝日新聞出版
〒104-8011　東京都中央区築地5-3-2
電話　03-3545-5436（朝日学生新聞社出版部）
03-5540-7793（朝日新聞出版販売部）

印刷所　株式会社リーブルテック

ISBN 978-4-02-191103-3　C6081
Published in Japan by Asahi Shimbun Publications Inc.
定価はカバーに表示してあります。
落丁・乱丁の場合は朝日新聞出版業務部（電話03-5540-7800）へご連絡ください。
送料弊社負担にてお取り替えいたします。

お絵かき作文ドリル

チャレンジ編
別冊

- 保《ほ》護《ご》者《しゃ》の方《かた》へ
- 解《かい》答《とう》例《れい》とアドバイス

取り外してお使いください

保護者の方へ

※ シリーズ本『お絵かき作文ドリル　基礎編』の「保護者の方へ」と一部重複しますが、『お絵かき作文ドリル　チャレンジ編』から取り組まれる方のために改めて掲載します。

※『チャレンジ編』は、『基礎編』より少し内容が難しくなります。できれば、『基礎編』から取り組むことをおすすめしますが、『チャレンジ編』からスタートされるという方は、少しずつ、このドリルのやり方に慣れていってください。

私はふだん、「考学舎」（本部・東京都渋谷区）という塾で、小学生から高校生の指導にあたっています。塾では開校以来、学びのベースとなる「国語力」の向上を目標に、すべての子どもたちが独自のカリキュラムで学習しています。さまざまなオリジナル教材を提供しているのですが、そのひとつに、本書『お絵かき作文ドリル　チャレンジ編』に載せている「『絵→文』のもんだい」「『文→絵』のもんだい」があります。

この教材は、「小学生向けの国語力&作文力アップ教材」として開発したものです。約15年前に原型のようなものが生まれ、その後、塾のスタッフとブラッシュアップさせていき、10年ほど前に正式に教材として定着しました。教室では、スタッフが子どもたちに声がけをしながら進めることで、一定の成果をあげています。そのノウハウをより多くの方々と共有したいと考え、本書をまとめることにいたしました。

『お絵かき作文ドリル　チャレンジ編』も、ご家庭でお子さんといっしょに取り組んでいただく構成にしています。

このドリルは、一般的な「ドリル」のイメージとは少し違っています。本書をより効果的にお使いいただくために、保護者の方にこのドリルについて理解を深めていただきたく、『ドリルのめざすところとコンセプト』『このドリルのスタート地点』『お子さんへのアドバイスのしかた』についてご説明します。

ドリルのめざすところとコンセプト

――「媒体変換」で国語力＆作文力アップ！

絵→文、文→絵で「わからないこと」に気づくことが、学びの入り口

私は、「絵→文」「文→絵」と操作することを、「媒体変換」と言っています。イメージとしては、教育の専門家の方々がその大切さについて述べている「言い換え」に近いかもしれません。

タイトル通り、このドリルは「お絵かき（絵）」を介して国語力＆作文力をアップさせようというものです。ただし、「お絵かき」といっても、好きなように描けばいいということではありません。「知らない人に、絵で何らかの情報を伝えること」を第一の目的としています。逆に、「文」で情報を伝える場合も同じです。

絵を見て読み取れなかったことは、文に書けません。逆に、文を読んで理解できなかったことは、絵に描けません。媒体変換をやってみると、その人が、「わかったこと」「わからなかったこと」がはっきりします。自分が何を「わかっていて」、何が「わかっていない」のか認識することは、「国語の力」＝「ものごとをりかいする力」につながります。

「絵→文」「文→絵」の操作を通じて、「わからなかった」ところを一つひとつ読み解き直し、すべて「わかった」という状態に変えていく作業は、ものごとを「りかい」するプロセスを学ぶいい練習となります。これを何度も繰り返すうちに、国語以外の教科でも必要となる「何かを学ぶうえでの基本」が身につくのです。

「わからないこと」を「わかる」にするプロセスで文を書く力が育つ

この媒体変換の考え方は、私自身の留学経験がきっかけとなっています。

私は高校2年のとき、交換留学で1年間、ベルギーの現地校に通いました。ベルギーはフランス語圏です。授業についていくべく必死にフランス語を勉強したのですが、フランス語→日本語、日本語→フランス語の「翻訳」を通じて、それまで「何となくわかった気になっていたこと」がいかに多かったかを、痛感させられました。

外国語の場合、わからない単語を放置すれば日本語にできません。そこで、辞書をめくると、フランス語のみならず、日本語でさえ、よく理解できていない言葉や、よく説明できない言葉があることに気づきました。日本にいたときは、母国語ということもあり、何となくわかった気になって通り過ぎていたのでしょう。

留学中は、「わからないことに気づく」⇒「調べる」⇒「訳文を書く（説明を書く）」という学習を、フランス語、日本語に関係なく徹底的にやりました。今思えば、フランス語→日本語、日本語→フランス語と操作する中で、「媒体変換」の疑似練習をしていたのだと思います。帰国後、驚いたことに、それまでからっきしダメだった国語の成績がグンと上がりました。

ベルギー留学の経験を踏まえ、私は、「わからないことに気づく」には、何らかの言い換えのトレーニングが有効だと考えています。

さらに、「媒体変換」においては、「調べる」⇒「説明を書く」というプロセスも大切で、これが文を書く力につながっていきます。

調べると、自分の中に知識が増えるのと同時に、その後の「説明を書く」という目的のために、自分の中で情報の整理が始まります。必要な情報といらない情報を選り分けていく中で、人にわかりやすく伝わる文章へと整っていくのです。

それまで、国語学習は「とらえどころのないもの」と思い込んでいましたが、留学を経て、「トレーニングすれば力がつくもの」という認識へと変わりました。

考学舎設立後も、「このときの手応えを生かした『子どもたちと取り組める教材』はつくれないものか？」と考えていました。小学生はまだ語彙が少ないですから、言葉の世界だけで媒体変換に取り組むのは、少々難しいものがあります。そこで、子どもたちにも親しみ深い「お絵かき」を取り入れることにしました。

そうしてできあがったのが、「絵→文」「文→絵」のスタイルだったのです。

学校の課題でも、入試問題でも、文章量が増えている！

教室にやってくる子どもたちの話を聞いていると、学校で出される宿題や入試問題の性質が最近、変わってきているなと感じます。一言でいうと、国語以外の教科でも、文章量がとても増えているのです。

例えば、中学校の夏休みの宿題では、体育で習うサッカー、バスケットボールなどの種目から好きなものを一つ選んで、その歴史を書きなさいというリポートが出されたそうです。

また、高校入試では、社会、理科でＡ４見開きサイズにびっしりと問題文が載っていて、途中に表やグラフが挿入され、文章と合わせて読み取らせるようなものが頻出しています。

さらに、中学入試では「算数1教科入試」が増えています。算数でありながら問題文が長く（Ａ４サイズ1枚半くらい）、文章を読み取りながら数式に落とし込んでいく力をみるようです。

いずれにしても、大学入試・教育改革の流れを受けた変化だろうと推察しますが、書いたり、読み取ったりすることが、より一層求められていることがわかります。

こうした課題に対応するには、教科書やテキストで見たことがない文章に出合っても、自分の知らないことは行間から推し量り、粘り強く考えることができる力が必要となります。

私は、そうした力をつけるにはやはり、「媒体変換」を通じた学習がベースになると考えています。媒体変換で自分の「わからない」を洗い出し、それらと一つひとつ向き合い、すべて「わかった」という状態に変えていく——。そのプロセスで培った「ものごとをりかいする力」は、国語以外の教科でも必要となる「何かを学ぶうえでの基本」だからです。

　この教材の作り手として、何より子どもたちの成長を感じる瞬間は、「わからないこと」を「わからない」としっかり表明できるようになったときです。「わからない」と言えるようになった子は、自分で自分の課題に気づくことができるので、学習全般において自主性が生まれます。

　さて、『お絵かき作文ドリル　チャレンジ編』では、最後の方に表などをあつかった問題を出しています。基本的には、それまでに身につけたことを生かせばできるようにしていますが、お子さんの反応をみて少し難しそうであれば、手助けをしてあげながら取り組んでみてください。

このドリルのスタート地点
——基本的な読み、書きができること

ここからは、このドリルのスタート地点についてご説明しましょう。

『お絵かき作文ドリル　チャレンジ編』の対象は、本体P5「このドリルの進め方」でもお示ししてい

るように小学４～５年生です。ただし、お子さんによって習熟度が異なりますので、以下の状況があてはまる方におすすめします。

（1）教科書程度の文章が音読できる

「『絵→文』のもんだい」では２００字の文を書いてもらったり、「『文→絵』のもんだい」では３００字以上ある問題文を読んでもらったりします。

そのため、この程度の文章量に対する「慣れ」があるかどうかが大切になります。まずは、大人といっしょでもよいので、「音読」できるかどうか確認してあげてください。

もう少し詳しくご説明すると、同じ音読でも文節を追いかけて読むところから、読点まで、もしくは文意にそって読む程度まで進んでいると、このドリルの学習が進めやすいと思います。

例えば、「まさとくんはバスに乗って学校に行きます」という文を読むとき、「まさとくんは・バスに・乗って・学校に・行きます」と文節で区切って読むのではなく、「まさとくんは・バスに乗って学校に行きます」とひと続きに読めるといいでしょう。

もし、できていないようであれば、保護者の方がひと続きごとに区切って読み、お子さんはそれについて読む、という練習からスタートしてみてください。

（2）200字程度の文章の全文書き取りができる

このドリルでは、書いたり、読んだりが、頻繁に出てきますので、多少の忍耐力も必要となってきます。200字程度の文章の書き取りに落ち着いて取り組めるかどうか、みてあげてください。

こちらも、うまくできていないようであれば、段階を踏んで練習しましょう。保護者の方が文節ごとに区切って音読し、お子さんはそれを書き取るという具合です。慣れてきたら、徐々にのばして読点まで、もしくは文単位でやってみましょう。

◆（1）（2）の練習用の文章を掲載します。

ある春の日ぐれです。

唐（とう）の都洛陽（らくよう）の西の門の下に、ぼんやり空をあおいでいる、一人のわか者がありました。

わか者は名を杜子春（とししゅん）といって、もとは金持ちの息子でしたが、今は財産をつかいつくして、その日のくらしにもこ（100字）まるくらい、あわれな身分になっているのです。

何しろそのころ洛陽といえば、天下にならぶもののない、はんじょうを極めた都ですから、往来にはまだしっきりなく、人や車が通っていました。門いっぱいに当たっている、（200字）油のような夕日の光の中に、老人のかぶったさしゃのぼうしや、トルコの女の金の耳わや、白馬にかざった色糸のたづなが、絶えず流れていくようすは、まるで画のような美しさです。

芥川龍之介『杜子春』から

※字数は句読点をふくむ。カッコ内の漢字の読みはふくまない。

（3）文に主語と述語があることがわかる

基本的な文のつくりもわかっているといいでしょう。

例えば、「○○が△△をしました」という文であれば、「だれが△△をしたの?」と聞いたときに、『○○が』だよ」と答えられるレベルです。ふだんの会話の中でも、「だれが何をした」と、自然に言える程度が望まれます。

いわゆる文法として、主語、述語という用語を知っている必要はありませんし、主語をどんなときに省略できるか、などの規則を知っている必要もありません。

お子さんへのアドバイスのしかた

――しっかり伝わった部分をほめる

冒頭でも述べましたように、『お絵かき作文ドリル　チャレンジ編』は、ご家庭でお子さんといっしょに取り組んでいただくことを大切にしています。

親子で時間をかける最大の意味は、お子さんの取り組みを真剣なものにできることです。いっしょに確認して、正しさを検討することで、あまり考えずに進めてしまったり、とりあえずかいとうらんをうめてしまったり、といったことが防げます。

また、会話は国語力&作文力をアップさせるのに有効な手段です。まず、大人とたくさん話すことで語彙が増える、文の構造がつかめるというメリットがあります。さらに、相手の反応がすぐわかるので、自分がかこうとしていることが、わかりやすいのか、わかりにくいのか、肌で感じ取ることができます。

ぜひ、保護者の方も、あらかじめ各問題に目を通していただき、お子さんといっしょに取り組んでいただけましたら幸いです。教室ではほぼ、マンツーマンの指導ですので、子どもたちは15題くらいやると慣れてきますが、ご家庭で取り組んでいただく場合には、もう少し時間がかかると思いますので全部で26題収録しています。

問題を解くときに、どんなタイミングでどんなサポートをしていただきたいかは、本体Ｐ６からの「絵↓文の問題はこんなふうに取り組もう！」「文↓絵の問題はこんなふうに取り組もう！」で、具体的にお示ししています（特に、保護者の方にサポートいただきたい部分にはがついています）。

そこで、ここでは大づかみな考え方についてご説明します。

「わかる」「わからない」をはっきり表明する習慣づけを

「絵→文」「文→絵」の媒体変換をする習慣がついていくと、変換できないものが出てくることに気づきます。大切なのは、この「変換できないもの」にこだわることです。つまり、「変換できないもの」＝自分自身が「わからないもの」です。

まずは、お子さんが「わからないもの」に気づけたら、それを、しっかり表明することが恥ずかしいことではないと、教えてあげてください。「よく気づけたね」などといった声がけが、お子さんの安心感と意欲を高めます。

慣れてきたら、「何が」わからないのかも、はっきりさせるようにしていきます。お子さんと話していて、「わからない」の中身が漠然としているなと感じたら、気長に質問しながら、「何が」の部分をいっしょに探していきましょう。

説明の「型」を身につける

どんな学習でも、初めに「型」を身につけておくことが、のちのちの発展的な学びにつながっていきます。このドリルも同じです。文や絵で人にわかりやすく説明する方法を、少しずつ身につけていってください。

わかりやすい文章は、初めに全体像（結論）が提示されたあと、何らかの順番にそって背景説明がそえられる、というような構造をしています。

わかりやすい絵は、一番伝えたいものが中心にはっきりとえがかれています。背景は全部盛り込む必要はなく、取捨選択を経て、あるとよいと判断したものが、反映されていれば十分です。

こうした「型」に近づくためのコツを、本体P6からの「**絵→文の問題はこんなふうに取り組もう！**」「**文→絵の問題はこんなふうに取り組もう！**」で、ポイントとしてまとめています。

ポイントは、「『絵→文』のもんだい」では全部で9、「『文→絵』のもんだい」では全部で7設定しています。各問題には、その問題を解くのに必要と思われるものをいくつかピックアップして載せています。

「絵→文」「文→絵」のどちらのパターンも、問題番号の数字が増えるごとに少しずつ複雑な内容になっていきますが、このドリルを1冊終えるころには、身につけた「型」を状況に応じて使いこなせるようになっていることをめざして、取り組みましょう。

人にわかりやすく伝える説明の方法は複数あることを知る

ふだんの生活の中で「知らない人に、何らかの情報を伝える」とき、その説明の方法は一通りではありませんね。相手に合わせて言い方を変えるなど、工夫をするものです。

それと同じで、このドリルの問題でも正解は一つではないと、お考えいただければと思います。**別冊**に載せている 解答例 はご参考までにご覧ください。

お子さんがかいた解答を保護者の方がご覧になるときには、第三者としての目で見て、問題の趣旨にそって「わかりやすく伝わった」と思われる部分に、丸をあげることを意識してください（あえてバツをつける箇所を探す必要はありません）。

ただし、保護者の方も、ご判断に迷われることがあるかと思いますので、**別冊**の アドバイス をひとつの指針としていただければと思います。

お子さんと解答を点検しているときに、何かに迷っているな、わからない部分があるのかな、といったことに気づいたら、いっしょに考えたり調べたりして、次の問題を解くときに生かせるよう導いてあげましょう。

細かな部分では次のような点をチェックしてあげてください。

①『絵→文』のもんだい

お子さんの書いた解答を読んで、問題で示されているような絵が、頭の中に浮かぶかどうか、確認してください。

それに加えて、日本語として正しいかチェックします。誤字脱字はないか、主語と述語の関係は正しいか、文末の表現が統一されているか（「です、ます」「だ、である」。どちらでも構いません）、文と文をつなぐ接続詞は適切か、みてあげましょう。

②「『文→絵』のもんだい」

お子さんの描いた解答を見て、問題で示されているような文が、頭の中に浮かぶかどうか、確認してください。

絵のうまいへたを気にしすぎる必要はありません。説明としてわかる絵であれば丸としてください。時に、絵のていねいさを追求するあまり、何度も描き直しをさせてしまう保護者の方がいらっしゃいますが、お子さんの意欲をそいでしまうのでやめましょう。

例えば、左の絵。「犬の絵を描きなさい」という指示のもと描かれたものですが、一見して、何の動物かわかりませんね。つまり、犬⇒絵がしっかりと、言い換えられていません。こうした場合には、もう少していねいに描くように促してあげてください。もし、どうしても絵を描くのが苦手という場合には、絵の横に「→いぬ」などと書き添えて、おぎなっても構いません。

「『文→絵』のもんだい」の解答の絵を描くことについては、得手不得手があるかと思います。どの程度の絵が描けていればいいのかは、本体P15の**「文→絵の問題はこんなふうに取り組もう!」**の**「絵のかき方」**でお示ししています。お子さんといっしょにお読みください。

おまけ　絵日記《えにっき》のすすめ

『お絵《え》かき作文《さくぶん》ドリル』とぜひ、いっしょに取《と》り組《く》んでもらいたい学習《がくしゅう》として、「絵日《えにっ》記《き》」があります。絵日記《えにっき》に取《と》り組《く》むと、人《ひと》に伝《つた》えたいことをはっきりさせて、わかりやすく説明《せつめい》する力《ちから》がつきます。このドリルにプラスしてできそうであれば、別冊《べっさつ》P18～19の「絵日記《えにっき》ノート」をB4サイズに拡《かく》大《だい》コピーして取《と》り組《く》みましょう。

●進《すす》め方《かた》のめやす

・2日《か》に1回《かい》か、1日《にち》に1回《かい》のペースで続《つづ》けましょう。
・保護者《ほごしゃ》の方《かた》といっしょにやりましょう。
・3か月《げつ》くらい続《つづ》けましょう。

おうちの方へ

絵日記ノートに取り組むと……

　ポイントを絞る力、まとめる力、説明する力、さらには理由を考える力もつきます。

　一般的に、絵日記といえば、思い出が保存できる、言葉だけの日記よりかきやすい、言葉で説明しきれない部分を絵で説明できる、といったメリットが挙げられます。

　この絵日記ノートでは、もう少し具体的に身につけたい力をイメージしています。

ポイントをつかむ習慣がつく

　先に絵を１枚かくことは、その日のポイントとなるシーンを絞ることになります。だらだらと１日に起きたことを羅列してしまうような、絵日記で陥りがちなパターンを避けることができます。

しっかり説明する習慣がつく

　絵日記のかき方③にもあるように、「かいた絵について説明する、という気持ちで文章を書く」と、書き始めのきっかけがつかみやすくなります。

　さらに、その絵について説明しようと思ったら、前後関係からその場面で起きていることの理由まで書く必要があり、幅広く説明する能力が求められます。このように、絵日記ノートは、人に何かを説明するトレーニングに適しているのです。

　絵日記ノートは続けることが大切です。そのため、毎日、完璧にかかせる必要はありません。少しずつ取り組んで、次回に向けて直せる点を共有しながら、ブラッシュアップしていくことが大切です。

お子さんにやってほしいところには 、おうちの人《ひと》と取《と》り組《く》んでほしいところには がついているよ。

絵《え》日《にっ》記《き》のかき方《かた》

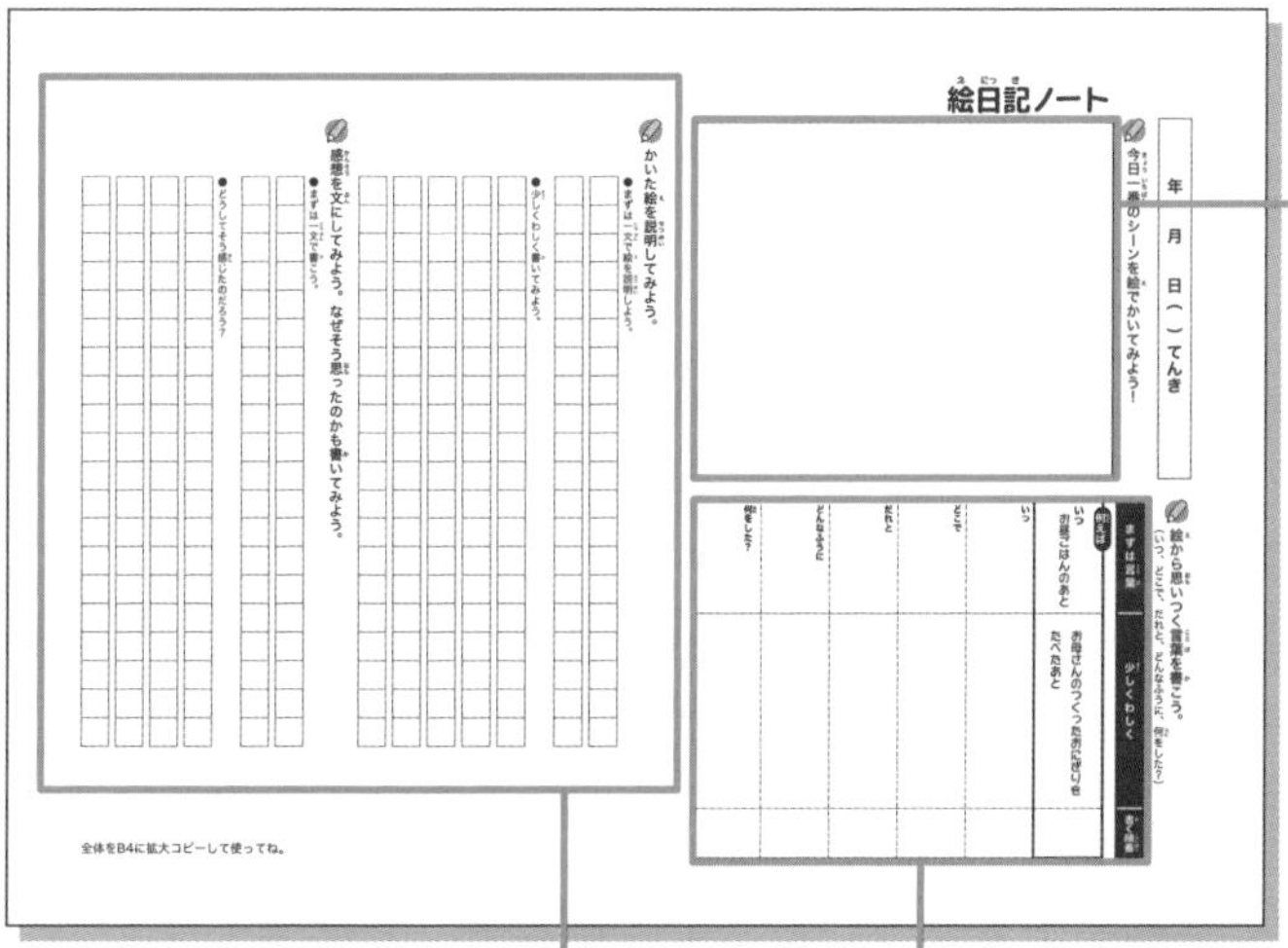

1

1日《にち》のうちで一番《いちばん》、印象《いんしょう》に残《のこ》ったシーンを絵《え》にしよう。

絵《え》のうまいへたにこだわりすぎないことが大切《たいせつ》です。ていねいにかこう。

何をかくかつまってしまう場合は、その日やったことをお子さんと話してみてください。絵にかくシーンは、できるだけ具体的なものがいいでしょう。例えば、遊園地に行った日なら、楽しかったアトラクションになるかもしれませんね。もしくは、行きの電車が一番楽しかった可能性もあります。そんなときは、迷わず電車の絵をかくようにすすめましょう。

2

かいた絵《え》についておうちの人《ひと》と話《はな》そう。

「絵《え》日《にっ》記《き》ノート」には、絵《え》をかくスペースの下《した》に、「いつ」「どこで」「だれと」「どんなふうに」「何《なに》をした？」を書《か》くらんがあるよ。

ここをうめていこう。そして、それぞれに、文《ぶん》として書《か》く順番《じゅんばん》を数字《すうじ》で入《い》れよう。

この欄の項目にかかわらず、かいた絵を見て思いつく言葉を書きならべてみるのもいい方法です。

3

かいた絵《え》について説明《せつめい》する、という気持《きも》ちで文章《ぶんしょう》を書《か》こう。

このドリルのアドバイスにもたびたび出《で》てきますが、まずは、全《ぜん》体《たい》のイメージを一文《いちぶん》で説明《せつめい》しよう。そのあと、出《で》てくることがらを順《じゅん》に説明《せつめい》していこう。

最後《さいご》に、感想《かんそう》がほしいね。感想《かんそう》は、起《お》きたことの説明《せつめい》とは区別《くべつ》して書《か》こう。そして、なぜそう感《かん》じたのかも書《か》きくわえるよ。

一通り書き終えたら読み直して、気づいた部分はお子さんと共有し、次に生かすようにしましょう。

絵《え》日《にっ》記《き》ノート

年　　月　　日（　）てんき

今日《きょう》一番《いちばん》のシーンを絵《え》でかいてみよう！

絵《え》から思《おも》いつく言葉《ことば》を書《か》こう。
（いつ、どこで、だれと、どんなふうに、何《なに》をした？）

まずは言葉《ことば》	少《すこ》しくわしく	書《か》く順番《じゅんばん》
例《たと》えば いつ お昼ごはんのあと	お母さんのつくったおにぎりを たべたあと	
いつ		
どこで		
だれと		
どんなふうに		
何《なに》をした？		

かいた絵《え》を説明《せつめい》してみよう。

● まずは一文《いちぶん》で絵《え》を説明《せつめい》しよう。

● 少《すこ》しくわしく書《か》いてみよう。

感想《かんそう》を文《ぶん》にしてみよう。なぜそう思《おも》ったのかも書《か》いてみよう。

● まずは一文《いちぶん》で書《か》こう。

● どうしてそう感《かん》じたのだろう？

全体をB4に拡大コピーして使ってね。

絵《え》日《にっ》記《き》ノート

年　　月　　日（　）てんき

今日《きょう》一番《いちばん》のシーンを絵《え》でかいてみよう！

絵《え》から思《おも》いつく言葉《ことば》を書《か》こう。
（いつ、どこで、だれと、どんなふうに、何《なに》をした？）

まずは言葉《ことば》	少《すこ》しくわしく	書《か》く順番《じゅんばん》
例《たと》えば いつ お昼ごはんのあと	お母さんのつくったおにぎりをたべたあと	
いつ		
どこで		
だれと		
どんなふうに		
何《なに》をした？		

かいた絵《え》を説明《せつめい》してみよう。

● まずは一文《いちぶん》で絵《え》を説明《せつめい》しよう。

● 少《すこ》しくわしく書《か》いてみよう。

感想《かんそう》を文《ぶん》にしてみよう。なぜそう思《おも》ったのかも書《か》いてみよう。

● まずは一文《いちぶん》で書《か》こう。

● どうしてそう感《かん》じたのだろう？

全体をB4に拡大コピーして使ってね。

解答例《かいとうれい》とアドバイス

もんだい1

解答例

男《おとこ》の子《こ》がつくえに向《む》かって本《ほん》を読《よ》んでいます。男《おとこ》の子《こ》は体《たい》そう着《ぎ》のような服《ふく》を着《き》ています。上《うえ》に着《き》ているのは、水色《みずいろ》の地《じ》に首《くび》とそでまわりに青《あお》いふちどりのあるT《ティー》シャツです。下《した》に着《き》ているのは青《あお》い長《なが》ズボンで、つま先《さき》の青《あお》い上《うわ》ばきをはいています。読《よ》んでいる本《ほん》の表紙《ひょうし》は緑色《みどりいろ》です。つくえは、学校《がっこう》の教室《きょうしつ》にあるような形《かたち》のもので茶色《ちゃいろ》です。いすも茶色《ちゃいろ》い木《き》でつくられたものです。

アドバイス

解答例《かいとうれい》では、最初《さいしょ》の文《ぶん》で全体《ぜんたい》を説明《せつめい》したあと、絵《え》の中心《ちゅうしん》にいる男《おとこ》の子《こ》について説明《せつめい》しています。次《つぎ》に読《よ》んでいる本《ほん》、最後《さいご》につくえといすにふれています。

つまり、絵《え》の中心《ちゅうしん》にあるもの（人《ひと》）→中心《ちゅうしん》のまわりにあるものと、順番《じゅんばん》を決《き》めて説明《せつめい》しているのです。

説明《せつめい》の順番《じゅんばん》は、この逆《ぎゃく》でもかまいません。いずれにしても、説明《せつめい》の流《なが》れをつくることが大切《たいせつ》で、バラバラと説明《せつめい》するよりも、説明文《せつめいぶん》を読《よ》む人《ひと》にわかりやすく伝《つた》わるようになります。

文《ぶん》の長《なが》さが長《なが》くなりすぎないように、また、文《ぶん》の形《かたち》や文末表《ぶんまつひょう》現《げん》をそろえることを、いま一度《いちど》確認《かくにん》しましょう。

もんだい2

解答例

アドバイス

「つくえ」という言葉《ことば》を見《み》て、どんなつくえを想像《そうぞう》するでしょう？　家《いえ》にある勉強《べんきょう》づくえ、学校《がっこう》の教室《きょうしつ》にあるようなつくえ……。いろいろな想像《そうぞう》ができます。

解答例《かいとうれい》では、学校《がっこう》の教室《きょうしつ》にあるようなつくえがえがかれていますが、ほかのつくえでも問題《もんだい》ありません。もんだい2を通《つう》じて、一言《ひとこと》で「つくえ」といってもいろいろある、ということを感《かん》じてもらえればと思《おも》います。

男《おとこ》の子《こ》の服《ふく》のそでやズボンの長《なが》さについては、問題文《もんだいぶん》で特《とく》にふれられていないので、例《たと》えば、長《なが》そで半《はん》ズボンの絵《え》をかいても正解《せいかい》としていただいてかまいません。

もんだい3

解答例

屋外《おくがい》プールの真《ま》ん中《なか》のレーンで、男《おとこ》の子《こ》がクロールで泳《およ》いでいます。男《おとこ》の子《こ》は、青色《あおいろ》の水泳《すいえい》ぼうしをかぶっていて、今《いま》、顔《かお》を少《すこ》し水面《すいめん》から出《だ》して息《いき》つぎをしています。プールには、2本《ほん》の黄色《きいろ》いコースロープがひかれ、3レーンに分《わ》かれています。プールのうしろにはグレーのフェンスがあり、そのうしろには、緑《みどり》の植《う》えこみがあります。

アドバイス

最初《さいしょ》の文《ぶん》で、「プールで男《おとこ》の子《こ》が泳《およ》いでいる」という全体《ぜんたい》のイメージを伝《つた》える必要《ひつよう》があります。

男《おとこ》の子《こ》はまさに、顔《かお》を水面《すいめん》から少《すこ》し出《だ》して息《いき》をしようとしています。「息《いき》つぎ」です。この説明《せつめい》を、「息《いき》つぎ」という言葉《ことば》を使《つか》わずにできるか考《かんが》えてみましょう。もちろん、適切《てきせつ》な一語《いちご》で表《あらわ》せれば一番《いちばん》よいですが、その言葉《ことば》を知《し》らなくても説明《せつめい》できるようにしておくといいでしょう。

もんだい4

解答例

アドバイス

もんだい4の文《ぶん》は、少《すこ》し物語《ものがたり》のように書《か》かれています。前《まえ》のことと、今《いま》のことが書《か》かれていますが、絵《え》には今《いま》のことをかきましょう。問題文《もんだいぶん》にある「最初《さいしょ》、ふたりで泳《およ》いでいました。」という部分《ぶぶん》は、絵《え》にもりこむ必要《ひつよう》はありません。その中《なか》で中心《ちゅうしん》となるものをしっかりさがしましょう。

ふたりの表情《ひょうじょう》やプールのまわりのようすなどは、問題文《もんだいぶん》に説明《せつめい》がありません。そのことをよくかくにんして、想像《そうぞう》してかいてみましょう。

一通《ひととお》りかいたら、解答例《かいとうれい》の絵《え》と照《て》らし合《あ》わせて、自分《じぶん》のかいた絵《え》とちがうところをさがしてみましょう。一言《ひとこと》で「プール」といっても、人《ひと》によって思《おも》いえがくものがちがうことに気《き》づくでしょう。

もんだい5

解答例

少年《しょうねん》が校庭《こうてい》を走《はし》っています。少年《しょうねん》は、黄緑色《きみどりいろ》のT《ティー》シャツを着《き》ていて、青《あお》い短《たん》パンとグレーのくつ下《した》、青《あお》いくつをはいています。頭《あたま》には青《あお》いぼうしを前《まえ》うしろ逆《ぎゃく》にかぶっていて、顔《かお》は必死《ひっし》です。校庭《こうてい》には白《しろ》いトラックの線《せん》が3本《ぼん》ひいてあります。校庭《こうてい》の右《みぎ》おくにはフェンスがあり、そのうしろにたくさんの木《き》が見《み》えます。左《ひだり》うしろには校《こう》しゃがあります。校《こう》しゃは2階建《かいだ》てで、真《ま》ん中《なか》が1階《かい》ぶん高《たか》くなっていて、大《おお》きな時計《とけい》がついています。

アドバイス

絵《え》の中心《ちゅうしん》にいるのは走《はし》っている少年《しょうねん》です。ですから、最初《さいしょ》の文《ぶん》は解答例《かいとうれい》のように書《か》くのがよいでしょう。

もんだい5では、複数《ふくすう》あるはいけいの要素《ようそ》をどのような順番《じゅんばん》で説明《せつめい》していくかが、ポイントです。

はいけいの要素《ようそ》は、「校庭《こうてい》」「校《こう》しゃ」「フェンスとうしろにあるたくさんの木《き》」と、おもに3つあります。例《たと》えば、「向《む》かって右《みぎ》にあるものから」など、自分《じぶん》で順番《じゅんばん》についてのルールを決《き》めて説明《せつめい》するようにしましょう。

さらには、少年《しょうねん》、校庭《こうてい》、校《こう》しゃ、フェンスとうしろにあるたくさんの木《き》、それぞれの説明《せつめい》を、かいとうらんにおさまるようにするために、どこまでくわしく書《か》くか、何《なに》を説明《せつめい》して何《なに》を説《せつ》明《めい》しないかも考《かんが》えてみましょう。

もんだい6

解答例

アドバイス

もんだい6の全体像《ぜんたいぞう》は、「雪山《ゆきやま》でのスノーボードのシーン」という動《うご》きのあるものになります。いかに、動《うご》きのあるものを切《き》り取《と》った形《かたち》でイメージできるかが大切《たいせつ》です。

ほかの問題《もんだい》と同《おな》じように、女《おんな》の子《こ》の表情《ひょうじょう》やスキーウェアのがらなど、問題文《もんだいぶん》に書《か》かれていない部分《ぶぶん》がたくさんあります。問《もん》題文《だいぶん》に書《か》かれている部分《ぶぶん》と、書《か》かれていない部分《ぶぶん》を確認《かくにん》したうえで、想像《そうぞう》してかいてみましょう。

もんだい7

解答例

ふたりの男《おとこ》の子《こ》が、遊園地《ゆうえんち》にあるようなすべり台《だい》のついただ円形《えんけい》のプールで遊《あそ》んでいます。プールの左側《ひだりがわ》にいる青《あお》いぼうしをかぶった男《おとこ》の子《こ》はビニールのボールで遊《あそ》んでいます。右側《みぎがわ》にいる緑色《みどりいろ》のぼうしをかぶった男《おとこ》の子《こ》はうきわのようなものにつかまって泳《およ》いでいます。プールの右側《みぎがわ》のおくにはすべり台《だい》があります。プールの向《む》こう側《がわ》には大《おお》きな木《き》が植《う》えられた広場《ひろば》のような場所《ばしょ》があります。プールの左《ひだり》おくにはあひるのふん水《すい》があります。

アドバイス

これまでのようにまずは、最初《さいしょ》の1文目《ぶんめ》でどこまで説明《せつめい》するか考《かんが》えましょう。よくばりすぎるとわかりにくくなってしまうので、絵《え》の中心《ちゅうしん》を考《かんが》えて書《か》く内容《ないよう》を決《き》めましょう。

ふたりの男《おとこ》の子《こ》はいっしょに遊《あそ》んでいるのか、別々《べつべつ》に遊《あそ》んでいるのか。説明文《せつめいぶん》を読《よ》む人《ひと》が想像《そうぞう》しやすくなるように考《かんが》えてみましょう。ボールやうきわのがらについてもふれていいかと思《おも》いますが、はいけいにいろいろなものがあるので、大切《たいせつ》でないと思《おも》われる部分《ぶぶん》は、書《か》く必要《ひつよう》はありません。

もんだい8

解答例

アドバイス

全体《ぜんたい》のイメージができたら、たこあげをしているふたりがいる場所《ばしょ》を想像《そうぞう》してみましょう。場所《ばしょ》は河原《かわら》と書《か》かれているので、川《かわ》のどちら側《がわ》なのかや、川《かわ》の流《なが》れはどうなっているのかなど、順番《じゅんばん》に自分《じぶん》のイメージに足《た》していくと、くわしい全体《ぜんたい》のイメージができあがっていきます。

たこそのものや着物《きもの》の絵《え》など、かきにくいものは絵《え》に文字《もじ》でおぎなうなどしてもかまいません。何《なに》がどこにあるのかを確認《かくにん》できるような絵《え》にしていきましょう。

もんだい9

解答例

夕方《ゆうがた》の海《うみ》で2頭《とう》のイルカが向《む》かい合《あ》うように水面《すいめん》からジャンプしています。1頭《とう》のイルカは左側《ひだりがわ》で、もう1頭《とう》は中央《ちゅうおう》のあたりではねています。太陽《たいよう》は水《すい》平線《へいせん》の右《みぎ》よりにあって、ちょうど半分《はんぶん》くらいしずんだところです。水平線《すいへいせん》にはもくもくとした入道雲《にゅうどうぐも》が2つ見《み》えています。左側《ひだりがわ》の雲《くも》は小《ちい》さめで少《すこ》し高《たか》い位《い》置《ち》に、中央《ちゅうおう》の大《おお》きな雲《くも》は水平線《すいへいせん》からわき上《あ》がっているように見《み》えます。

アドバイス

まずは最初《さいしょ》の1文目《ぶんめ》で、何《なに》を中心《ちゅうしん》ととらえ、それをどこまで説明《せつめい》するか考《かんが》えましょう。1文目《ぶんめ》は長《なが》くなりすぎないように気《き》をつけましょう。

解答例《かいとうれい》では、絵《え》の中心《ちゅうしん》はイルカと考《かんが》えています。そのため、イルカから順番《じゅんばん》に位置関係《いちかんけい》を説明《せつめい》していっています。次《つぎ》にわかりやすいものとして、太陽《たいよう》、そして最後《さいご》に、雲《くも》を説明《せつめい》していきます。

この夕日《ゆうひ》と入道雲《にゅうどうぐも》のある風景《ふうけい》から、「夏《なつ》の夕方《ゆうがた》に海《うみ》を見《み》ている」という1文《ぶん》があっても、読《よ》む人《ひと》にイメージが伝《つた》わりやすいかもしれません。

もんだい10

解答例

アドバイス

もんだい10では、３そうのヨットと1頭《とう》のイルカの位置関係《いちかんけい》をしっかりかくにんしてかきましょう。特《とく》に、ヨット３そうの位置関係《いちかんけい》が少《すこ》しむずかしいかもしれませんが、絵《え》の全体像《ぜんたいぞう》を自《じ》分《ぶん》なりに想像《そうぞう》しながらかいていきましょう。

もんだい11

解答例

まちの公園《こうえん》で３人《にん》の男《おとこ》の子《こ》が楽《たの》しそうにサッカーをしています。右側《みぎがわ》にいる男《おとこ》の子《こ》がボールをけったところで、真《ま》ん中《なか》にいる男《おとこ》の子《こ》がそれを追《お》いかけます。そして、左側《ひだりがわ》にいる男《おとこ》の子《こ》はボールの動《うご》きに合《あ》わせるように走《はし》っています。３人《にん》の男《おとこ》の子《こ》がけっているボールは、ちょうど３人《にん》の真《ま》ん中《なか》あたりにあります。この公園《こうえん》は、コンクリートの低《ひく》いかべと背《せ》の低《ひく》い植《う》えこみに囲《かこ》まれています。公園《こうえん》のおくの方《ほう》には大《おお》きな木《き》が３本生《ぼんは》えています。

アドバイス

中心《ちゅうしん》となる３人《にん》の男《おとこ》の子《こ》、はいけいともに、説明《せつめい》するのに複《ふく》雑《ざつ》な内容《ないよう》になってきています。ここまで複雑《ふくざつ》になってくると、説明《せつめい》する部分《ぶぶん》、しない部分《ぶぶん》を考《かんが》えていかなければなりません。解答例《かいとうれい》では、３人《にん》の位置関係《いちかんけい》は説明《せつめい》していますが、表情《ひょうじょう》や服《ふく》の色《いろ》などは説明《せつめい》していません。はいけいの説明《せつめい》でも、左《ひだり》おくにある鉄《てつ》ぼうの説明《せつめい》は省《はぶ》かれています。もんだい11で大切《たいせつ》なのは、３人《にん》の男《おとこ》の子《こ》が楽《たの》しそうに公園《こうえん》でサッカーをしているところで、公園《こうえん》そのものではないからです。

もんだい12

解答例

アドバイス

中心《ちゅうしん》となるものを文章全体《ぶんしょうぜんたい》から考《かんが》えてみましょう。

実《じつ》は、もんだい12では、最初《さいしょ》に全体《ぜんたい》のイメージを考《かんが》える、という基本的《きほんてき》なきまりから少《すこ》しはなれた書《か》き方《かた》がされています。

この問題文《もんだいぶん》のように、場面《ばめん》の説明《せつめい》から入《はい》って、あとから本題《ほんだい》が出《で》てくる形《かたち》の文《ぶん》でも、中心《ちゅうしん》となるものをさがし出《だ》していってほしいと思《おも》います。

この文《ぶん》の中心《ちゅうしん》となるのは、一言《ひとこと》でいうと「ふたりの女《おんな》の子《こ》が公園《こうえん》の入《い》り口《ぐち》の側《そば》で話《はな》しているようす」です。これを読《よ》み取《と》って絵《え》にかきましょう。

このほか、公園《こうえん》や女《おんな》の子《こ》たちのようすで、問題文《もんだいぶん》には書《か》かれていないことを考《かんが》えてみるのも、いい練習《れんしゅう》となります。

「赤《あか》い鉄《てつ》ぼう」や「すな場《ば》」の位置《いち》は、解答例《かいとうれい》ではおくの右《みぎ》側《がわ》にかいてありますが、特《とく》に問題文《もんだいぶん》に書《か》かれていないので、おくの左側《ひだりがわ》、おくの正面《しょうめん》にかいてもかまいません。

もんだい13

解答例

5けんのお店《みせ》がある商店街《しょうてんがい》の風景《ふうけい》です。遠《とお》くにはタワーが見《み》えます。お店《みせ》は左《ひだり》から、「すしはつかぜ」「ケーキスイーツホリック」「アロマサロンモデラート」「精肉店《せいにくてん》ほしのや」「ラーメン山猫《やまねこ》」とならんでいます。アロマサロンと精肉店《せいにくてん》の間《あいだ》にはバス停《てい》があります。そして、ラーメン屋《や》さんの前《まえ》には、ふたりの子《こ》どもがいる4人家族《にんかぞく》が歩《ある》いています。ケーキ屋《や》さんの前《まえ》には、話《はな》しながら楽《たの》しそうに歩《ある》いている女《おんな》の人《ひと》ふたりがいます。

アドバイス

まずは、もんだい13の絵《え》を見《み》て、「商店街《しょうてんがい》の風景《ふうけい》」などと、一言《ひとこと》で言《い》いかえられることが大切《たいせつ》です。「商店街《しょうてんがい》」という言葉《ことば》を知《し》らなければ、ここで覚《おぼ》えてしまいましょう。

そこから順番《じゅんばん》に説明《せつめい》していきますが、それぞれについてどのくらいくわしく説明《せつめい》する必要《ひつよう》があるか考《かんが》えましょう。この商店《しょうてん》街《がい》の風景《ふうけい》を200字《じ》で説明《せつめい》することを考《かんが》えると、お店《みせ》のくわしい説明《せつめい》や歩《ある》いている人《ひと》の服装《ふくそう》などの説明《せつめい》は省《はぶ》いてしまっていいでしょう。

もんだい14

解答例

アドバイス

もんだい14で中心《ちゅうしん》となっているのは「女《おんな》の子《こ》」です。まずは、この女《おんな》の子《こ》が、「まどにほおづえをついて外《そと》を見《み》ている」ようすをしっかりかきましょう。

そのうえで、女《おんな》の子《こ》の周囲《しゅうい》にある「家《いえ》」「森《もり》」をかいていきましょう。森《もり》については、問題文《もんだいぶん》ではただ、「森《もり》の中《なか》」とだけ説明《せつめい》しています。絵《え》にかくときには、森《もり》をどんなふうにかくか、自分《じぶん》で想像《そうぞう》することも必要《ひつよう》です。

そして、最後《さいご》に、問題文《もんだいぶん》に書《か》いてあったことと、想像《そうぞう》してかいた部分《ぶぶん》を確認《かくにん》しましょう。

もんだい15

解答例

グラウンドで6人《にん》の男《おとこ》の子《こ》たちがサッカーをしています。ひとつのチームは、黄色《きいろ》いビブスをつけていて、手前《てまえ》からおくにせめています。もうひとつのチームは、おくにあるゴールを守《まも》っています。せめ手《て》のひとりが敵《てき》のふたりをぬいて、ゴールの側《そば》にいる仲間《なかま》にパスしました。パスを受《う》けた仲間《なかま》は、シュートしようとしています。キーパーは、シュートしようとしている選手《せんしゅ》と向《む》き合《あ》っています。

アドバイス

このドリルの中《なか》で最《もっと》もむずかしい問題《もんだい》です。動《うご》いている6人《にん》の少年《しょうねん》をせめ手《て》、守《まも》り手《て》に分《わ》けて、だれが何《なに》をしているのか説《せつ》明《めい》して初《はじ》めて、この絵《え》の全体《ぜんたい》がイメージできるようになります。

まずは、この絵《え》がどんなようすを切《き》り取《と》ったものなのか書《か》き始《はじ》める前《まえ》にしっかり確認《かくにん》しましょう。そして、それをどこまでくわしく説明《せつめい》するか、あらかじめ決《き》めておきましょう。

解答例《かいとうれい》では、男《おとこ》の子《こ》たちのくわしい服装《ふくそう》については説明《せつめい》がありませんが、6人《にん》の区別《くべつ》をはっきりさせるため、だれがどのチームかがわかる程度《ていど》に説明《せつめい》する必要《ひつよう》があるでしょう。もし、「ビブス」という言葉《ことば》が難《むずか》しければ、「ゼッケン」「黄色《きいろ》いタンクトップ」でもかまいません。

もんだい16

解答例

アドバイス

もんだい16の中心《ちゅうしん》にいるのは、「4人《にん》の女《おんな》の子《こ》」です。まずは、女《おんな》の子《こ》たちを中心《ちゅうしん》に、全体《ぜんたい》のようすを想像《そうぞう》してみましょう。ただし、そのときに、4人《にん》の女《おんな》の子《こ》の中《なか》でだれを中心《ちゅうしん》にかくか、考《かんが》えましょう。ここでは、今《いま》、おしゃべりをしている最中《さいちゅう》の、右《みぎ》から3番目《ばんめ》の女《おんな》の子《こ》を中心《ちゅうしん》にしてあげるとよいでしょう。

残《のこ》り3人《にん》のしぐさ、公園《こうえん》のはいけいは想像《そうぞう》を加《くわ》えながらかき足《た》してみましょう。

もんだい17

解答例

長方形《ちょうほうけい》のアパートの部屋《へや》です。げんかんが手前《てまえ》の右側《みぎがわ》にあり、おくにベランダに面《めん》したまどがあります。この部屋《へや》には、しんしつ、せんめん所《じょ》、おふろ場《ば》があります。げんかんから入《はい》り、ろうかを歩《ある》くと、左側《ひだりがわ》にせんめん所《じょ》のドアがあります。そのまま進《すす》むと、しんしつがあります。部屋《へや》の一番《いちばん》おくはまどになっています。もどってせんめん所《じょ》のドアをあけると、正面《しょうめん》にせんめん台《だい》があり、入《はい》ってすぐ左側《ひだりがわ》におふろ場《ば》があります。

アドバイス

部屋《へや》の説明《せつめい》については、かんたんにしようと思《おも》っても、どうしても複雑《ふくざつ》になるものです。これまでの問題《もんだい》と同《おな》じように、まずは全体《ぜんたい》のイメージを考《かんが》えましょう。

解答例《かいとうれい》では、おおよその形《かたち》にくわえて、げんかんとまどのある場所《ばしょ》を最初《さいしょ》に説明《せつめい》しています（大人《おとな》なら、「せんめん所《じょ》とおふろ場《ば》のあるワンルームタイプの部屋《へや》です」とまとめるでしょう）。

そして、順番《じゅんばん》を決《き》めて、部屋《へや》のつくりを説明《せつめい》しています。もんだい17は、200字以内《じいない》で書《か》くことが目標《もくひょう》なので、机《つくえ》やたなどのくわしい説明《せつめい》にあまりこだわらなくていいでしょう。そうでないと、長《なが》くなりすぎてしまうからです。

もんだい18

解答例

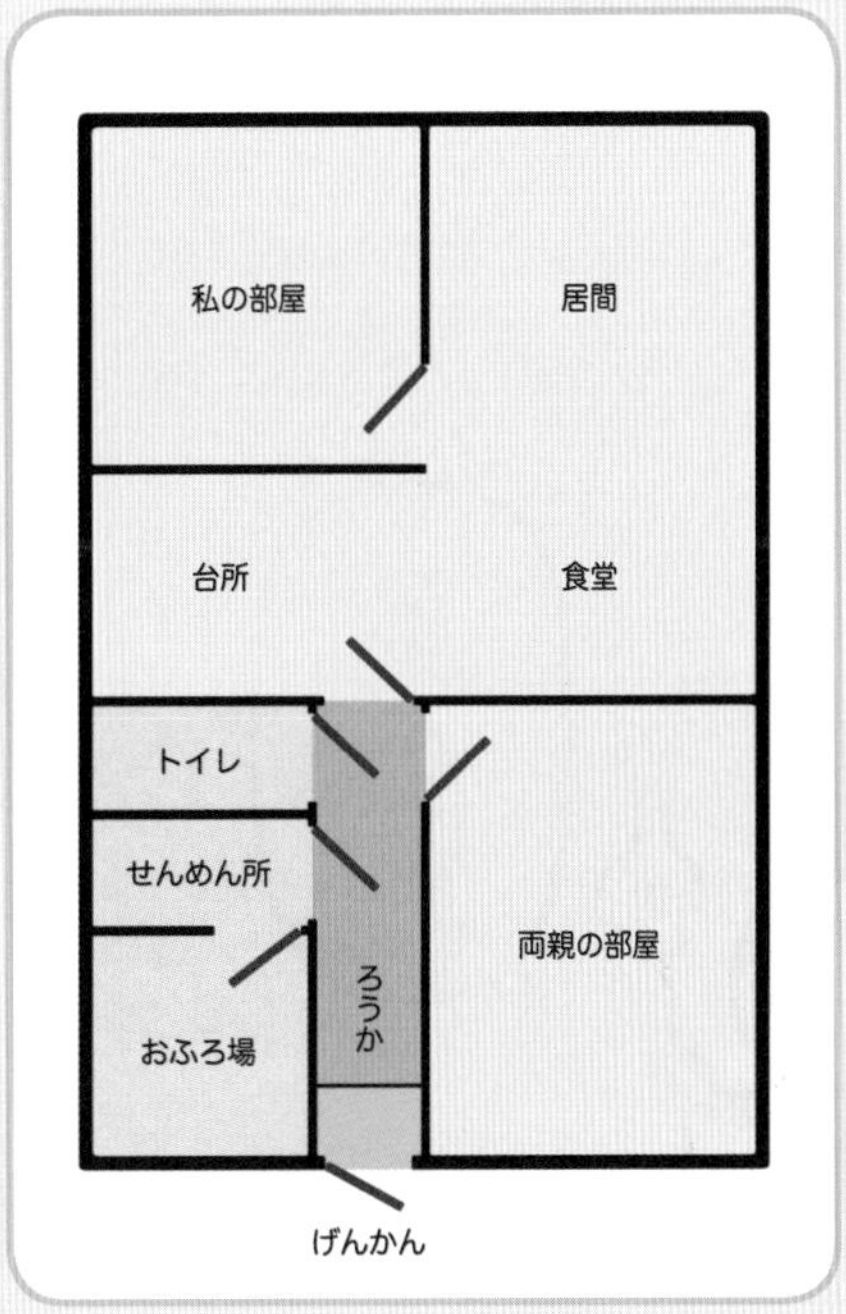

アドバイス

やはり家《いえ》の間取《まど》りは、かんたんに説明《せつめい》しようと思《おも》っても、どうしても複雑《ふくざつ》になるものです。これまでの問題《もんだい》と同《おな》じように、まずは全体《ぜんたい》のイメージを考《かんが》えましょう。

絵《え》にかく場合《ばあい》は、大《おお》きく全体《ぜんたい》をイメージしたあと、せんめん所《じょ》、トイレ、おふろ場《ば》、台所《だいどころ》など、ひとつずつ配置《はいち》していきます。そして、最後《さいご》にそれぞれの位置《いち》関係《かんけい》を確認《かくにん》していくと、およその間取《まど》りができてくるでしょう。

自分《じぶん》の家《いえ》の間取《まど》りでも、ぜひ、試《ため》してみましょう。まずは、家《いえ》の中《なか》を歩《ある》きまわって、間取《まど》りをかいてみることから始《はじ》めるといいでしょう。

もんだい19

解答例

学校《がっこう》から田中《たなか》くんの家《いえ》までの道順《みちじゅん》を説明《せつめい》します。

まず、学校《がっこう》から、文《ぶん》ぼう具《ぐ》屋《や》さん側《がわ》の大通《おおどお》りに出《で》ると、左側《ひだりがわ》に本町《ほんまち》二丁目《ちょうめ》の交差点《こうさてん》が見《み》えます。その交差点《こうさてん》まで進《すす》んで右《みぎ》に曲《ま》がり、ふたつ目《め》の信号《しんごう》（本《ほん》町《まち》一丁目《ちょうめ》）までまっすぐ歩《ある》きます。ここの交差点《こうさてん》を左《ひだり》に曲《ま》がり、ゆうびんポストのある角《かど》まで歩《ある》きます。このポストの角《かど》を右《みぎ》に曲《ま》がってまっすぐ歩《ある》き、2本目《ほんめ》の道《みち》をこえると、田中《たなか》くんの家《いえ》に着《つ》きます。

アドバイス

これまでの問題《もんだい》でもやってきたように、最初《さいしょ》に何《なに》を説明《せつめい》するか書《か》きます。

そのうえで、頭《あたま》の中《なか》で地図《ちず》がえがけるように、曲《ま》がるところの目印《めじるし》や方向《ほうこう》を説明《せつめい》していきます。上手《じょうず》な説明《せつめい》を書《か》くためには、自分《じぶん》が歩《ある》いているつもりになって、見《み》える景色《けしき》を想像《そうぞう》することが大切《たいせつ》です。

学校《がっこう》と田中《たなか》くんの家以外《いえいがい》にも、この地図《ちず》の中《なか》にある場所《ばしょ》をふたつ選《えら》んで、いろいろな練習《れんしゅう》ができます。それが終《お》わったら、ふだんの生活《せいかつ》の中《なか》で歩《ある》いているまちの、家《いえ》→学校《がっこう》、家《いえ》→最寄駅《もよりえき》などの道順《みちじゅん》を地図《ちず》にかき、その説明文《せつめいぶん》を書《か》く練習《れんしゅう》をしてみましょう。はってん学習《がくしゅう》になります。

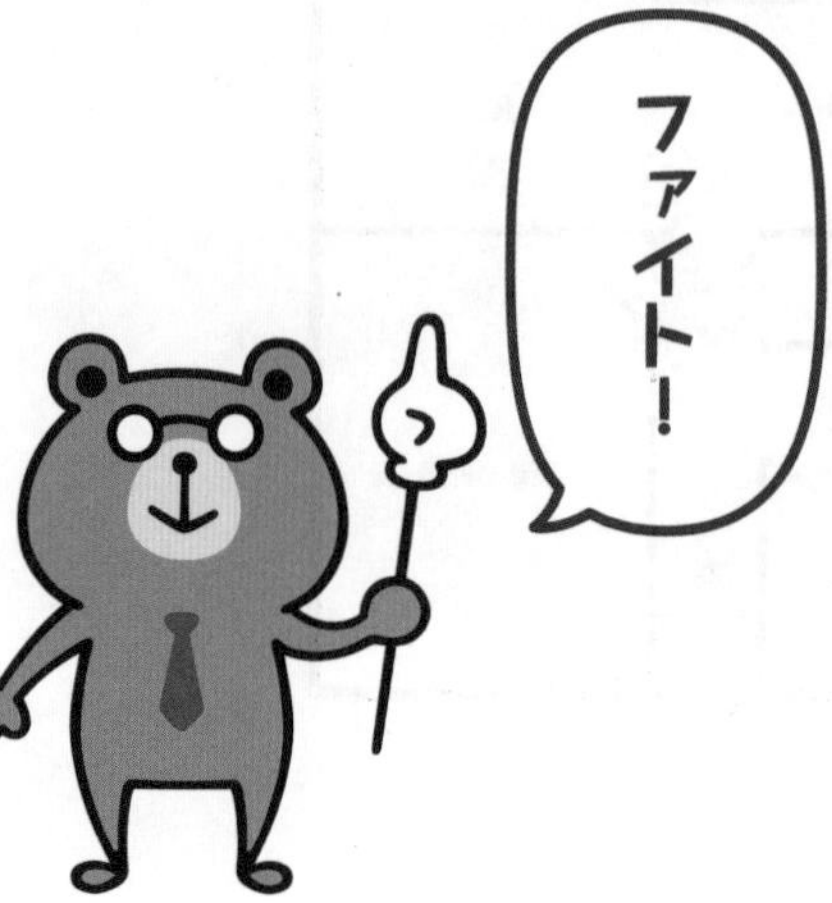

もんだい20

解答例

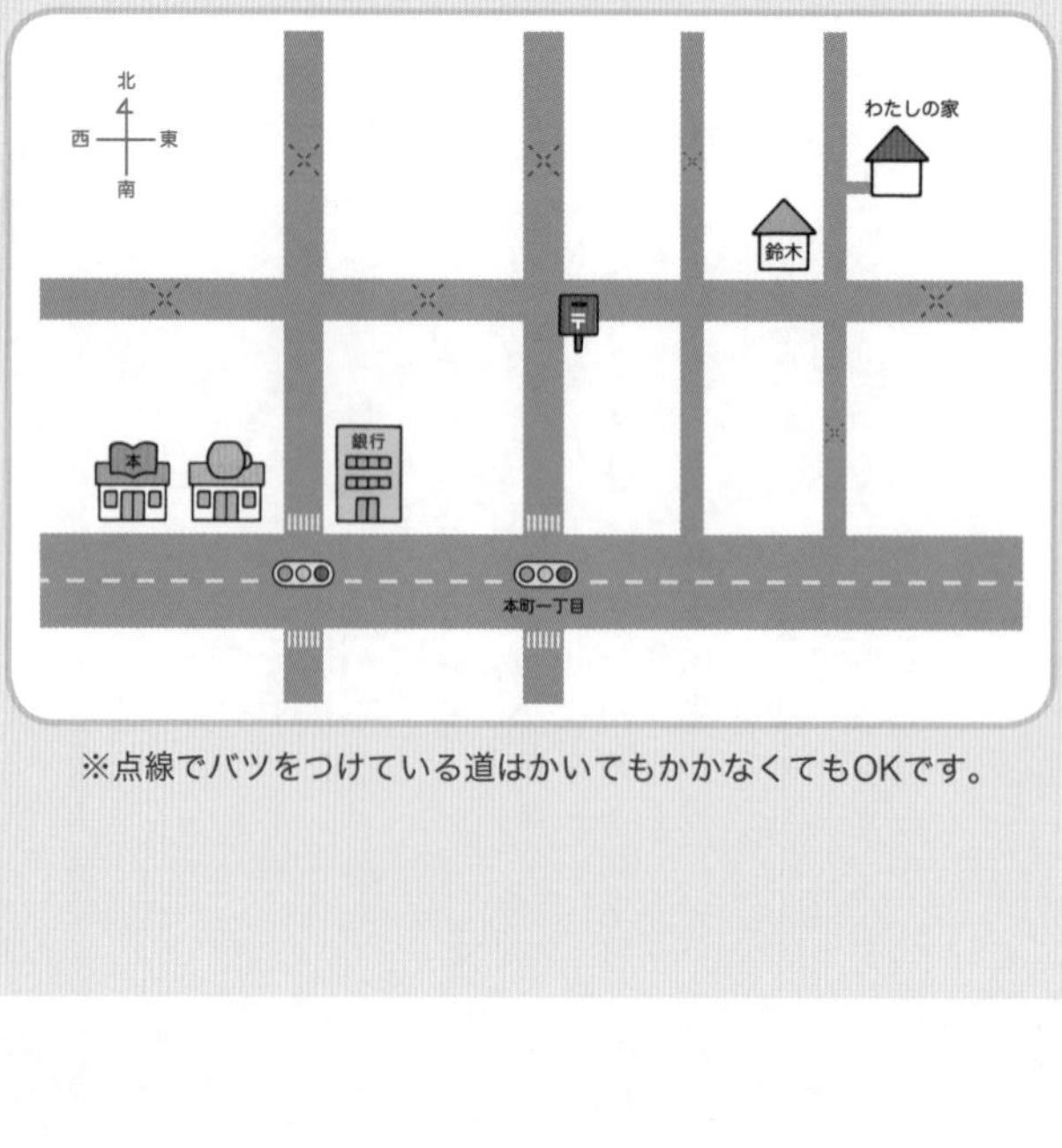

※点線でバツをつけている道はかいてもかかなくてもOKです。

アドバイス

もんだい20では、かいとうらんにある方位《ほうい》を参考《さんこう》に、問題文《もんだいぶん》に示《しめ》された方角《ほうがく》と照《て》らし合《あ》わせながら、地図《ちず》をかいていきましょう。

もんだい21

解答例

ふたつのてんびんの絵《え》から、キャベツ1個《こ》がミカン何個《なんこ》ぶんの重《おも》さになるのかを説明《せつめい》します。上《うえ》のてんびんを見《み》ると、りんご1個《こ》はミカン2個《こ》ぶんです。下《した》のてんびんを見《み》ると、キャベツ1個《こ》はりんご2個《こ》ぶんです。ここから、りんご2個《こ》ぶんの重《おも》さがミカン何個《なんこ》ぶんかが、わかればよいことになります。りんご1個《こ》でミカン2個《こ》ぶんなので、りんご2個《こ》ではミカン4個《こ》ぶんということになります。キャベツ1個《こ》はミカン4個《こ》ぶんです。

アドバイス

これまでの問題《もんだい》でもやってきたように、最初《さいしょ》に何《なに》を説明《せつめい》するか書《か》きます。そして、てんびんをひとつずつかくにんしながら、順《じゅん》に説明《せつめい》していきます。一番大切《いちばんたいせつ》なのは、キャベツ1個《こ》をりんご2個《こ》に置《お》きかえ、りんご2個《こ》がミカン何個《なんこ》ぶんかを説明《せつめい》するところです。

この置《お》きかえを順《じゅん》にやっていくことがポイントです。複雑《ふくざつ》な問題《もんだい》に出合《であ》っても、考《かんが》えるときのヒントとなります。

もんだい22

解答例

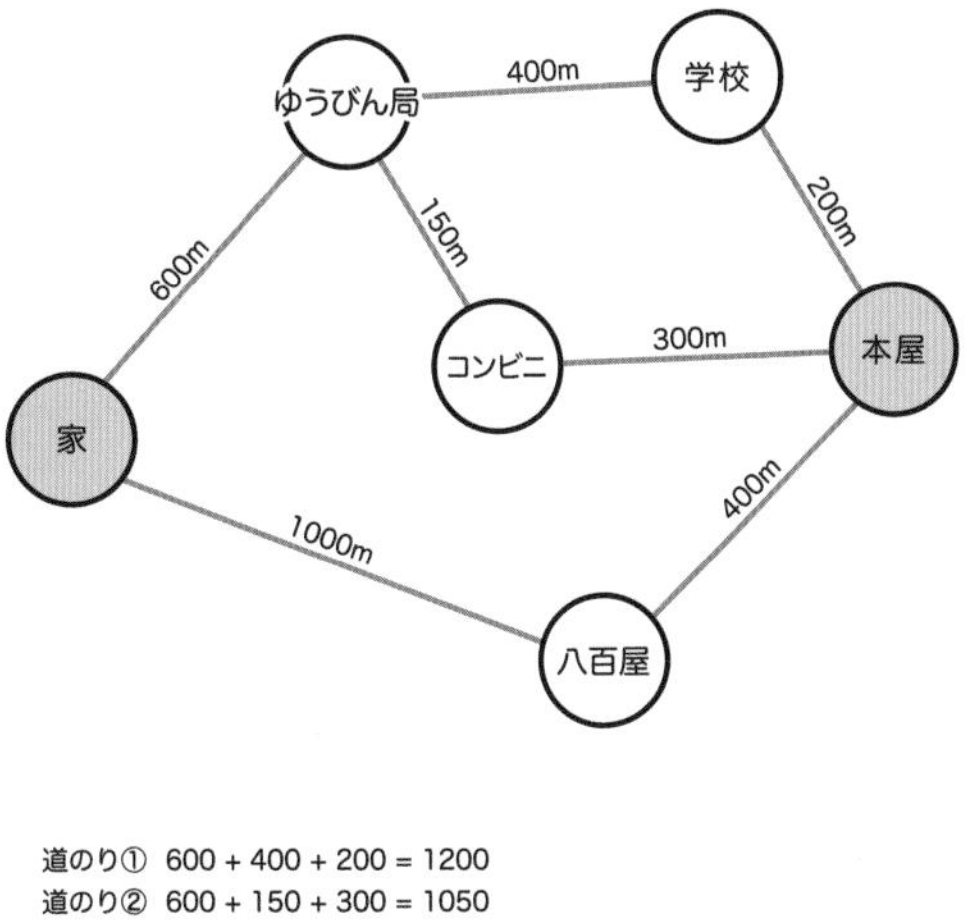

道のり① 600 + 400 + 200 = 1200
道のり② 600 + 150 + 300 = 1050
道のり③ 1000 + 400 = 1400

答え：道のり②が一番近い

アドバイス

初《はじ》めは、問題文《もんだいぶん》にある3つの道《みち》のりをたどりながら、そこに出《で》てくる「場所《ばしょ》」をかき出《だ》していくことが大切《たいせつ》です。そのうえで、それぞれの区間《くかん》のきょりを書《か》きこんでいきましょう。最後《さいご》に、自分《じぶん》でかいた絵《え》を見《み》ながら、それぞれの行《い》き方《かた》の合計《ごうけい》きょりを出《だ》していきます。

問題文《もんだいぶん》を読《よ》んだだけではわからないと思《おも》いますが、絵《え》にかくと情報《ほうほう》が整理《せいり》されてかんたんに求《もと》められます。

もんだい23

解答例

この表《ひょう》は、みどり小学校《しょうがっこう》3年生《ねんせい》の児童数《じどうすう》を表《あらわ》しています。単位《たんい》は「人《にん》」です。

一番左《いちばんひだり》の列《れつ》には、上《うえ》から1組《くみ》、2組《くみ》、3組《くみ》とクラス名《めい》がとられています。一番上《いちばんうえ》の行《ぎょう》には、左《ひだり》から男子《だんし》、女子《じょし》、クラスごとの合計《ごうけい》がとられています。1組《くみ》は、男子《だんし》15人《にん》、女子《じょし》18人《にん》の合計《ごうけい》33人《にん》です。2組《くみ》は、男子《だんし》16人《にん》、女子《じょし》17人《にん》の合計《ごうけい》33人《にん》、3組《くみ》は、男子《だんし》18人《にん》、女子《じょし》15人《にん》の合計《ごうけい》33人《にん》です。

アドバイス

表《ひょう》では、一番左《いちばんひだり》の列《れつ》と、一番上《いちばんうえ》の行《ぎょう》に何《なに》がとられているかかくにんすることが大切《たいせつ》です。それぞれについてしっかり説明《せつめい》していくと、表《ひょう》の全体像《ぜんたいぞう》が伝《つた》わるようになります。そのうえで、それぞれの数《かず》について説明《せつめい》するようにしましょう。

もんだい23ができたら、さらに、この学年《がくねん》では男子《だんし》、女子《じょし》、どちらが何人《なんにん》多《おお》いか求《もと》めてみましょう（答《こた》えは、女子《じょし》が1人多《おお》い）。

みどり小学校3年生の児童数

	男子	女子	合計
1組	15	18	33
2組	16	17	33
3組	18	15	33

←行

↑列

単位：人

もんだい24

解答例

さくら小学校3年生でペットを飼っている児童数

	犬	ねこ	ほか	合計
1組	8	6	2	16
2組	5	7	1	13
3組	10	12	3	25

単位：人

アドバイス

問題文《もんだいぶん》を読《よ》みながら、表全体《ひょうぜんたい》のイメージが想像《そうぞう》できたでしょうか。一番左《いちばんひだり》の列《れつ》と、一番上《いちばんうえ》の行《ぎょう》にとる分類《ぶんるい》を思《おも》いうかべたうえで、どんなふうに数字《すうじ》を入《い》れていくか考《かんが》えると、表《ひょう》もスムーズに書《か》くことができるでしょう。

もんだい24ができたら、さらに、この学年《がくねん》では、犬《いぬ》を飼《か》っている人《ひと》とねこを飼《か》っている人《ひと》のどちらが何人多《なんにんおお》いか求《もと》めてみましょう（答《こた》えは、ねこを飼《か》っている人《ひと》が２人多《おお》い）。

もんだい25

解答例

問1 小学生《しょうがくせい》は1時間《じかん》15分《ふん》、中学生《ちゅうがくせい》は1時間《じかん》47分《ふん》、高校生《こうこうせい》は2時間《じかん》です。一番《いちばん》たくさん学習《がくしゅう》しているのは高校生《こうこうせい》で、中学生《ちゅうがくせい》より13分《ぷん》、小学生《しょうがくせい》より45分長《ふんなが》く学習《がくしゅう》しています。

問2 ふえているグループ／小学生《しょうがくせい》
減《へ》っているグループ／中学生《ちゅうがくせい》、高校生《こうこうせい》

アドバイス

まずは、表《ひょう》の列《れつ》と行《ぎょう》をよく見比《みくら》べましょう。

問1では、列《れつ》を見比《みくら》べていけばよい、ということを見《み》つけることが大切《たいせつ》です。

問2では、行《ぎょう》をよく見比《みくら》べましょう。

表《ひょう》を読《よ》み取《と》るときには、列《れつ》と行《ぎょう》に何《なに》が表《あらわ》されているか、かくにんしてから考《かんが》えることが大切《たいせつ》です。

もんだい26

解答例

問1

平日のスポーツ時間量（単位　分）

	1995年	2000年	2005年	2010年	2015年
10代男子	14	13	16	10	14
40代男性	5	4	4	9	3

問2

２０１０年《ねん》の調査《ちょうさ》をのぞき、10代男子《だいだんし》は、40代男性《だいだんせい》より3〜4倍長《ばいなが》く、平日《へいじつ》にスポーツをしていることがわかります。その原因《げんいん》として、10代《だい》は学校《がっこう》の体育《たいいく》の時間《じかん》やクラブ活動《かつどう》、習《なら》い事《ごと》でスポーツにふれる時間《じかん》がありますが、40代《だい》は朝《あさ》から夜《よる》まで働《はたら》いている人《ひと》が多《おお》く、スポーツにさける時間《じかん》がかぎられていることが考《かんが》えられます。

アドバイス

問1は、まずは、問題文《もんだいぶん》をもとに、何《なに》についての表《ひょう》なのか考《かんが》えましょう。

次《つぎ》に、表《ひょう》の列《れつ》と行《ぎょう》に、それぞれ何《なに》を入《い》れるのか、分類《ぶんるい》を考《かんが》えましょう。問題文《もんだいぶん》には、10代男子《だいだんし》、40代男性《だいだんせい》、１９９５年《ねん》、２０００年《ねん》、２００５年《ねん》、２０１０年《ねん》、２０１５年《ねん》が出《で》てきますので、「10代男子《だいだんし》、40代男性《だいだんせい》」➡列《れつ》、「１９９５年《ねん》、２０００年《ねん》、２００５年《ねん》、２０１０年《ねん》、２０１５年《ねん》」➡行《ぎょう》と分類《ぶんるい》します。

これに気《き》づけたら、それぞれ、がいとうするマスに、時間《じかん》についての数値《すうち》をうめていきましょう。

問2は、**問1**でつくった表《ひょう》の列《れつ》の数字《すうじ》に注目《ちゅうもく》して、「差《さ》」や「何倍《なんばい》か」を求《もと》めるなどして、ちがいを説明《せつめい》しましょう。原因《げんいん》については、おうちの方《かた》から40代《だい》の生活時間《せいかつじかん》などについて教《おし》え

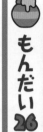

てもらいながら、10代《だい》の生活《せいかつ》と比《くら》べて、考《かんが》えましょう。

メモ

メモ

メモ